AF648116

# KRÜMELMONSTERS FOODIE TRUCK

MIT STEFFEN HENSSLER

# KOCHBUCH

# INHALT



Alle Rezepte reichen für 4 Personen.

# An die Töpfe, fertig, los!

**Krümelmonster:** Dumdi, dumdi, dum ... He, wo sind denn die Kekse?
**Gonger:** Aber, Krümelmonster, du kannst doch nicht immer nur Kekse essen.
**Krümelmonster**: Hm, hä, wieso denn nicht?
**Gonger:** Weil du auch Vitamine brauchst. Stimmt doch, Steffen, oder?
**Steffen:** Ja, genau. Wir brauchen schon was Gesundes, damit wir fit sind und Energie haben. Gemüse zum Beispiel.
**Krümelmonster:** Aber Gemüse ist doch langweilig!
**Gonger:** Neiiiin!
**Steffen:** Genau, Krümelmonster, das stimmt nicht. Gemüse kann total lecker sein.
**Krümelmonster:** Aber Kochen ist doch langweilig!
**Gonger:** Neiiiin!
**Steffen:** Genau, Krümelmonster, das stimmt nicht. Kochen macht total Spaß. Und es ist auch nicht nur was für Erwachsene.
**Krümelmonster:** Aber du bist doch auch erwachsen!
**Steffen:** Das stimmt. Aber ich zeig es euch ja auch nur. Damit ihr es dann selbst machen könnt.
**Krümelmonster:** Ach so. Und was ist, wenn wir was nicht verstehen?
**Gonger:** Also, Krümelmonster. Dann fragen wir natürlich einfach!
**Steffen:** Genau. Manchmal muss man fragen. Aber erst mal legen wir einfach los, oder?
**Gonger:** Oh ja!
**Krümelmonster:** Ja, kochen, kochen, kochen ...

# TOMATEN

So vielseitig wie kaum ein anderes Gemüse

# Rot, rund und lecker

**Los geht's mit einem Gemüse, das nicht nur bei uns, sondern auf der ganzen Welt besonders beliebt ist.**

Ratet mal, wie viele Tomaten jedes Jahr allein in Deutschland gegessen werden. Auf jeden Einwohner kommen mehr als 30 Kilogramm! Um die große Nachfrage zu decken, werden auch Tomaten aus anderen Ländern eingeführt, aus Italien und Spanien zum Beispiel. Aber auch in den Niederlanden und Polen werden viele Tomaten angebaut. Weil es dort nicht so warm ist, wachsen sie in riesigen Gewächshäusern.

## Farbenvielfalt

Rote Tomaten kennt jeder, gelbe vielleicht auch noch. Aber wusstest ihr, dass es auch grüne, rosafarbene, braune, schwarze und sogar gefleckte und gestreifte Tomaten gibt? Weltweit kommen über 10 000 Sorten zusammen: die kleinsten sind gerade mal so groß wie Heidelbeeren, andere können bis zu einem Kilo auf die Waage bringen.

## Ketchup

Auch Ketchup wird aus Tomaten hergestellt. Gesund ist es aber nicht unbedingt, denn in ihm steckt auch jede Menge Zucker – manchmal bis zu 76 Stück Würfelzucker pro Liter, mehr als doppelt so viel wie in Cola. Deshalb haben wir im Foodie Truck ein eigenes Ketchup gekocht (siehe Seite 13). Probiert es unbedingt mal aus!

## So bleiben Tomaten schön frisch

Damit Tomaten möglichst lange frisch bleiben, darf es weder zu warm noch zu kalt sein. Legt sie daher weder direkt ans Fenster in die Sonne noch in den Kühlschrank. Hebt sie außerdem nicht zusammen mit anderem Obst und Gemüse auf. Denn Tomaten reifen beim Lagern noch nach und dabei verströmen sie einen Stoff (Ethylen), der dafür sorgt, dass die »Nachbarn« schneller schlecht werden.

Tomaten mal in Grün

# GARTEN-SPAGHETTI

DAS BRAUCHT IHR: ca. 45 Min. Zeit | Arbeitsbrett | Messer | großer Topf | Schaumkelle | Sparschäler | breite Pfanne | Sieb

## ZUTATEN

**Sauce:**

5 mittelgroße, aromatische Tomaten
100 g grüne Bohnen
2 Möhren (à ca. 150 g)
1 Zucchini (à ca. 200 g)
je 1 rote und gelbe Paprika
1 rote Zwiebel
1 Knoblauchzehe
2 EL Olivenöl
100 ml Gemüsebrühe
Salz | Pfeffer

**Pasta:**

400 g Vollkornspaghetti

**Außerdem:**

4 EL geriebener Parmesan

1. Für die Sauce zunächst die Tomaten waschen und die Haut an der Unterseite mit einem scharfen Messer kreuzförmig einritzen (dabei nicht zu tief ins Fruchtfleisch schneiden).

2. In einem großen Topf Wasser zum Kochen bringen. Die Tomaten für 30–40 Sek. hineingeben, danach gleich wieder mit einer Schaumkelle herausheben und in kaltem Wasser (noch besser in einer Schüssel mit Wasser und Eiswürfeln) abschrecken. Jetzt lässt sich die Haut ganz leicht abziehen.

weiterlesen →

3. Die gehäuteten Tomaten vierteln, entkernen und fein würfeln.

4. Die Bohnen putzen, waschen und nach Wunsch klein schneiden. In einem Topf mit kochendem Salzwasser in ca. 8 Min. bissfest kochen. Danach ebenfalls abschrecken und in einem Sieb abtropfen lassen.

5. Die Möhren schälen und erst der Länge nach in dünne Scheiben, dann in Stifte schneiden.

6. Die Zucchini waschen, längs halbieren, die Enden abschneiden und das relativ schwammige Innere mit einem Löffel herausschaben. Das übrige gebliebene ruchtfleisch ebenfalls in Stifte bzw. Streifen schneiden.

7. Die Paprika waschen und halbieren, von Stiel, Kerngehäuse und weißen Trennwänden befreien und das Fruchtfleisch anschließend ebenfalls in Stifte schneiden.

8. Die Zwiebel und den Knoblauch schälen und fein würfeln.

9. Das Olivenöl in einer breiten Pfanne erhitzen. Zwiebel und Knoblauch darin ca. 3 Min. glasig anschwitzen. Die vorbereiteten Möhren, Zucchini und Paprika dazugeben und ca. 3 Min. mit anschwitzen.

10. Zum Schluss noch die vorbereiteten Tomatenwürfel und die Bohnen untermengen, mit der Gemüsebrühe ablöschen und alles 3–4 Min. bei kleiner Hitze garen. Mit Salz und Pfeffer abschmecken.

11. In einem großen Topf reichlich Salzwasser zum Kochen bringen. Die Vollkornspaghetti nach Packungsanweisung darin bissfest kochen. Wenn sie fertig sind, in ein Sieb abgießen und abtropfen lassen.

12. Die Nudeln zur Sauce in die Pfanne geben und beides gut miteinander vermengen. Nochmals mit Salz und Pfeffer abschmecken und die Nudeln dann auf vorgewärmten Tellern anrichten. Mit geriebenem Parmesan bestreuen und sofort servieren.

Das Gemüse für die Garten-spaghetti darf auch aus dem Supermarkt kommen.

KETCHUP

# POMMES AUS KÜRBIS

## mit Tomatenketchup

DAS BRAUCHT IHR: ca.1 Std. Zeit für das Ketchup | ca. 30 Min. Zeit für die Pommes | Arbeitsbrett | Messer | Topf | Mixer oder Stabmixer | Trichter | Flasche (250 ml) | große Schüssel | Backblech | Backpapier

### ZUTATEN

**Ketchup (für 250 ml):**

1 kleine rote Paprika
250 g aromatische Tomaten
1 mittelgroße Zwiebel
1 Knoblauchzehe
1 EL Olivenöl
1 Lorbeerblatt
1 Gewürznelke
½ TL Salz
2 EL Zucker
3 EL heller Essig (z. B. heller Balsam- oder Apfelessig)

**Pommes:**

900 g Kürbis (z. B. Hokkaido-, Butternut- oder Muskatkürbis)
4 EL Olivenöl
1 TL edelsüßes Paprikapulver
1 TL Salz

1. Für das Ketchup die Paprikaschote waschen und halbieren, von Stiel, Kerngehäuse und weißen Trennwänden befreien und in Würfel schneiden.

2. Die Tomaten ebenfalls waschen und zuerst in Viertel, dann in Stücke schneiden. Dabei auch gleich die grünen Stielansätze wegschneiden.

3. Die Zwiebel und den Knoblauch schälen und fein würfeln.

weiterlesen →

4. In einem Topf das Olivenöl erhitzen. Zunächst Zwiebel und Knoblauch ca. 3 Min. darin anschwitzen, dann die Tomatenwürfel, das Lorbeerblatt, die Gewürznelke, das Salz sowie 100 ml Wasser dazugeben und alles ca. 40 Min. bei kleiner Hitze kochen.

5. Inzwischen die Flasche mit kochendem Wasser ausspülen. Sie muss ganz sauber sein, damit das Ketchup darin möglichst lange hält. Den Deckel ebenfalls heiß spülen.

6. Nach 40 Min. das Lorbeerblatt und die Nelke aus dem Topf fischen, dafür den Zucker und den Essig dazugeben. Das Ketchup im Mixer oder direkt im Topf mit dem Stabmixer fein pürieren und dann mithilfe eines Trichters direkt in die vorbereitete Flasche abfüllen. Diese sofort verschließen und das Ketchup abkühlen lassen.

7. Für die Pommes den Backofen auf 180° (Umluft) vorheizen. Ein Blech mit Backpapier belegen.

8. Den Kürbis von der Schale sowie den Kernen und dem faserigen Inneren befreien und dann in zentimeterstarke Stifte schneiden.

9. Olivenöl, Paprikapulver sowie Salz in einer großen Schüssel verrühren. Die Kürbisstifte dazugeben und alles gründlich miteinander vermengen (gerne mit den Händen).

10. Die gewürzten Kürbisstifte nebeneinander auf das Backblech verteilen und 15–20 Min. im Ofen auf der mittleren Schiene backen.

11. Die fertigen Pommes aus dem Ofen holen und mit dem Ketchup servieren. Das restliche Ketchup im Kühlschrank aufheben.

**Tipp:** Wie ihr den harten Kürbis am besten schneidet, könnt ihr auf Seite 113 nachlesen.

Wenn dir das Leben Kürbis schenkt, mach Pommes daraus.

Steffens
Lieblings-
rezept

# PICCATA MILANESE

## mit Tomatensalat

DAS BRAUCHT IHR: ca. 30 Min. Zeit | Arbeitsbrett | Messer | evtl. Gemüsehobel | Salatschüssel | hohes Gefäß | Stabmixer oder Schneebesen | große Pfanne

### ZUTATEN

**Tomatensalat:**
500 g aromatische Tomaten (z. B. Roma-Tomaten)
1 kleine rote Zwiebel
1 Stange Staudensellerie
½ Bund Blattpetersilie
2 EL heller Essig (z. B. heller Balsam- oder Apfelessig)
5 EL Olivenöl
Salz | Pfeffer

**Schnitzel:**
120 g geriebener Parmesan
2 Eier (Größe L)
60 g Mehl (Type 405 oder 550)
4 dünne Putenschnitzel (à ca. 120 g)
Salz | Pfeffer
ca. 100 ml Pflanzenöl (z. B. Raps- oder Erdnussöl)

1. Für den Salat die Tomaten waschen und in ca. 2 cm große Würfel schneiden. Dabei die grünen Stielansätze entfernen.

2. Die Zwiebel schälen und in feine Ringe hobeln oder schneiden. Den Staudensellerie putzen, waschen und fein würfeln.

3. Die Petersilie abbrausen, trocken schleudern und die Blätter abzupfen. Ein paar davon beiseitelegen, den Rest fein schneiden.

4. Alle vorbereiteten Zutaten in eine Salatschüssel geben, Essig und Olivenöl hinzufügen, mit Salz und Pfeffer würzen und alles vorsichtig miteinander vermengen. Mind. 15 Min. ziehen lassen.

5. Für die Schnitzel den Parmesan in ein hohes Gefäß geben, die Eier dazuschlagen und mit dem Stabmixer oder Schneebesen gut durchmixen. Die Mischung auf einen tiefen Teller umfüllen. Auf einen anderen Teller das Mehl geben.

6. Die Putenschnitzel salzen und pfeffern. Danach in einer großen Pfanne das Pfanzenöl erhitzen.

7. Die Schnitzel erst in Mehl wenden, abklopfen und durch die Parmesan-Ei-Masse ziehen. Bei mittlerer bis großer Hitze im Öl goldbraun braten und dann auf Küchenpapier abtropfen lassen.

8. Die panierten Schnitzel (auf Italienisch sagt man »Piccata«) mit dem Salat anrichten und mit der restlichen Petersilie garnieren.

# ÄPFEL

*Leckeres aus unserem Lieblingsobst*

# Warenkunde

**Äpfel sind nicht nur ideal für unterwegs, weil sie keine Verpackung brauchen. Auch in der Küche könnt ihr viel mit ihnen anstellen.**

Weil so viele Menschen gerne Äpfel essen, werden Apfelbäume auf großen Plantagen angebaut. Über 33 000 Hektar beträgt die Anbaufläche allein in Deutschland, das entspricht beinahe der Fläche von 50 000 Fußballfeldern. Die meisten Äpfel, die dort geerntet werden, landen als Speiseäpfel in Läden und auf dem Markt. Der Rest wird zum Beispiel zu Saft gepresst.

Knackige Vitamine naschen

## An apple a day keeps the Doctor away

Stimmt es, dass ein Apfel am Tag den Doktor ersetzt, wie das englische Sprichwort besagt? Vielleicht zumindest ein bisschen! Denn in Äpfeln steckt tatsächlich jede Menge gesunde Vitamine, Mineral- und Ballaststoffe.

## Bitte nicht schälen!

Bis zu 70 Prozent der gesunden Inhaltsstoffe befinden sich in und direkt unter der Schale. Sie gehen also verloren, wenn ihr euren Apfel schält. Also besser nur gründlich abwaschen, trocken reiben und reinbeißen ...

## So bleiben Äpfel knackig

Äpfel mögen es kühl und feucht, dann bleiben sie schön frisch und knackig. Ihr könnt sie also gut im Keller aufheben – oder im Gemüsefach des Kühlschranks. In einer Obstschale auf der Fensterbank werden sie bis zu 10-mal schneller schlecht.

## Küchenwissen

Äpfel reifen, wenn sie gepflückt wurden, noch nach und dabei verströmen sie ein bestimmtes Gas (Ethylen). Andere Obst- und Gemüsesorten mögen das gar nicht und werden deswegen schneller schlecht, wenn sie neben Äpfeln liegen. Lagert Äpfel also am besten immer getrennt.

# KRÜMELMONSTERS

## aufbauendes Apfel-Tiramisu für schlappe Monster

DAS BRAUCHT IHR: ca. 25 Min. Zeit (+ mind. 3 Std. zum Kühlen) | Sparschäler | Arbeitsbrett | Messer | Küchenreibe | Schüsseln | Handrührgerät oder Schneebesen | Auflaufform (ca. 15 x 15 cm) oder 4 Gläser

### ZUTATEN

240 g säuerliche Äpfel (z. B. Elstar oder Boskop)
20 ml Apfelsaft
100 g Magerquark
120 g Frischkäse
1 EL Zitronensaft
10 g flüssiger Honig
60 g Löffelbiskuits
20 g gemahlene Mandeln
Zimtpulver

1. Die Äpfel schälen, vierteln und das Kerngehäuse herausschneiden. Die Viertel anschließend grob raspeln, in eine Schüssel geben und sofort mit dem Apfelsaft übergießen.

2. In einer zweiten Schüssel den Quark mit Frischkäse, Zitronensaft und Honig verrühren. Das geht am besten mit dem Handrührgerät oder einem Schneebesen.

3. Eine kleine Auflaufform (ca. 15 x 15 cm) oder vier Gläser mit einer Lage Löffelbiskuits auslegen (für die Gläser die Biskuits entsprechend kleiner brechen).

4. Zuerst die Hälfte der Apfelmasse darauf verteilen, dann die Hälfte der Quarkcreme. Anschließend kommt wieder eine Schicht Löffelbiskuits, dann noch mal Apfel und Quark. Zum Schluss alles mit Mandeln und Zimt bestreuen.

5. Die Tiramisu mind. 3 Std. im Kühlschrank kalt stellen und dann gekühlt servieren.

# GONGERS

## heiß-kalte Bratäpfel mit Kirschen und Vanilleeis

DAS BRAUCHT IHR: ca. 45 Min. Zeit | Auflaufform | Küchenpinsel | Arbeitsbrett | Messer | Kugelausstecher | Schüssel | Zitruspresse | Sieb | Eis-Portionierer

**ZUTATEN**
1 TL weiche Butter
4 aromatische, säuerliche Äpfel (z. B. Elstar oder Boskop)
1 Zitrone
200 g aufgetaute TK-Kirschen (ohne Stein; ersatzweise abgetropfte Sauerkirschen aus dem Glas)
1 EL Honig
Puderzucker
4 Kugeln Vanilleeis (wenn ihr mögt)

1. Den Backofen auf 160° (Umluft 150°) vorheizen. Eine Auflaufform mit der Butter auspinseln.

2. Die Äpfel waschen, trocken reiben und oben jeweils einen »Deckel« abschneiden. Mithilfe eines Kugelausstechers (notfalls geht auch ein Teelöffel) jeweils das Kerngehäuse herauslösen und die Äpfel dann so weit aushöhlen, dass nur noch ein ca. 1 cm dicker Rand übrig bleibt. Die Äpfel in die gebutterte Form umsetzen.

3. Für die Füllung das Apfelfruchtfleisch fein würfeln und in eine Schüssel geben. Die Zitrone auspressen und den Saft über die Äpfel gießen. Die Kirschen und den Honig dazugeben und alles gut miteinander vermengen.

4. Die Masse in die vorbereiteten Äpfel in der Form füllen. Die »Deckel« aufsetzen, die Auflaufform auf der mittleren Schiene in den Ofen schieben und die Äpfel ca. 30 Min. backen.

5. Die Äpfel aus dem Ofen holen, auf Tellern anrichten, mit Puderzucker bestäuben und – nach Wunsch – mit Vanilleeis servieren.

# MÖHREN

Mehr als Knabberspaß für zwischendurch

# Warenkunde

**Statt Möhre sagen manche auch Mohrrübe, Gelbrübe, Gelbe Rübe, Karotte, Riewe, Riebli, Wurzel oder Rüebli. Das Letzte ist schweizerisch.**

In der Schweiz wurde übrigens auch die leckere Rüblitorte erfunden, die man überall auf der Welt gerne isst. In den USA feiert man sogar jedes Jahr am 3. Februar den »National Carrot Cake Day«. Yippie yeah!

## Sind alle Möhren orangefarben?

Nein, es gibt sie auch in Weiß, Gelb, Rot und Violett. Man munkelt, dass sie ihre typische Farbe erst im 16. Jahrhundert in den Niederlanden bekommen haben. Zu Ehren des Prinzen Wilhelm von Oranien wurde sie damals in der Farbe des dortigen Königshauses gezüchtet: Orange.

## Möhren sind gut für die Augen ...

Das liegt am Betacarotin in ihnen, das unser Körper zu Vitamin A umwandelt – und das ist wichtig für die Sehleistung. Steffens Tipp: Um den »Superstoff« möglichst gut verwerten zu können, immer ein bisschen Fett dazu essen – z. B. in Form von Nüssen, Milch, Öl oder Sahne.

## ... und für die Umwelt

Weil es Möhren das ganze Jahr über aus heimischem Anbau gibt, schmecken sie nicht nur gut, sondern sind auch gut für die Umwelt. Sie müssen deswegen nämlich nicht lange mit dem LKW transportiert werden.

## Immer schön knackig bleiben

Damit Möhren möglichst lange knackig bleiben, hebt ihr sie am besten im Kühlschrank auf. Nehmt in Folie verpackte Möhren vorher aus der Verpackung, sonst bekommen sie schnell schwarze, faulige Flecken. Frische Bundmöhren halten weniger lang und beginnen oft schon nach zwei Tagen zu schrumpeln. Das liegt an dem vielen Grün, das ihnen Feuchtigkeit entzieht Am besten entfernt ihr es daher gleich nach dem Kaufen. Bei Bio-Möhren kann man das Grün übrigens auch essen – probiert es mal. Es schmeckt ein bisschen wie Petersilie.

Ganz frisch: Bundmöhren

# KRÜMELMONSTERS

## Erdbeer-Möhren-Kuchen mit Pistazienkranz

DAS BRAUCHT IHR: ca. 2 Std. Zeit | Springform (26 cm) | Backpapier | Sieb | Schüsseln | Küchenreibe | Zitruspresse | Küchenmaschine oder Handrührgerät | Kuchengitter | Arbeitsbrett | Messer | Schneebesen | kleine Töpfe | Küchenpinsel

ZUTATEN (für 12 Stücke)

**Teig:**

200 g Weizenmehl (Type 405 oder 550; ersatzweise Dinkelmehl Type 630)
2 TL Backpulver
150 g gemahlene Mandeln
300 g Möhren
1 unbehandelte Zitrone
5 Eigelb (Größe M)
200 g Zucker

**Topping:**

500 g Erdbeeren (möglichst gleich groß)
250 ml heller Traubennektar
2 EL Zucker
1 EL Speisestärke
3 EL Aprikosenkonfitüre
60 g gehackte Pistazien

1. Den Backofen auf 180° (165° Umluft) vorheizen und eine Springform (26 cm ø) mit Backpapier auslegen.

2. Für den Teig das Mehl in eine Schüssel sieben und mit dem Backpulver und den gemahlenen Mandeln mischen.

3. Die Möhren schälen und fein reiben. Die Zitrone heiß abwaschen und trocken reiben, dann die Schale fein abreiben und den Saft auspressen.

weiterlesen →

4. In einer Schüssel die Zitronenschale und den -saft mit den Eigelben sowie dem Zucker mit der Küchenmaschine oder dem Handrührgerät sehr schaumig schlagen. Die Möhren dazugeben und unterrühren. Anschließend die Mehlmischung vorsichtig unterheben und den Teig in die vorbereitete Springform füllen.

5. Den Möhrenkuchen im Ofen auf der mittleren Schiene 35–40 Min. backen. Wenn die Zeit um ist, die Form herausnehmen und auf ein Kuchengitter stellen. Den Kuchen erst abkühlen lassen, ehe er vorsichtig aus der Form genommen wird.

6. Für das Topping die Erdbeeren waschen, trocken tupfen und das Grüne wegschneiden oder mit den Fingern abknipsen. Dann die Beeren von oben nach unten halbieren.

7. Die Erdbeerhälften dekorativ auf dem Möhrenkuchen platzieren.

8. In einer Tasse 3 EL Traubennektar mit dem Zucker und der Stärke verrühren. Den restlichen Nektar in einem kleinen Topf aufkochen. Die Stärkemischung einrühren, nochmals alles aufkochen und dann alles direkt über den Erdbeeren auf dem Kuchen verteilen.

9. In einem anderen Topf die Aprikosenkonfitüre erwärmen und danach mit einem Küchenpinsel auf den Kuchenrand streichen. Mit den Pistazien verzieren.

# NICHTS VERSCHWENDEN

## Ideen für übrig gebliebenes Eiklar!

### Protein-Pfannkuchen ohne Mehl

ZUTATEN: 1 kleine reife Banane | 2 Eiweiß | 1 TL Zucker | ½ TL Zimtpulver | Salz | 1 EL Butter

1. Die Banane schälen und zerteilen. Mit dem Eiweiß, dem Zucker, dem Zimt und 1 Prise Salz im Mixer oder mit dem Stabmixer in einem hohen Gefäß zu einem glatten Teig pürieren.

2. Die Butter in einer Pfanne erhitzen und den Teig darin portionsweise zu kleinen Pfannkuchen backen.

**Tipp:** Mit frischen Beeren und/oder Joghurt als Topping servieren.

### Simple Nussmakronen

ZUTATEN: 1 Eiweiß | 3 EL Zucker oder Vanillezucker | 50 g Kokosraspeln oder gemahlene Nüsse bzw. Mandeln

1. Den Backofen auf 180° (Ober- und Unterhitze) vorheizen und ein Blech mit Backpapier belegen.

2. Das Eiweiß steif schlagen, dabei nach und nach den Zucker bzw. Vanillezucker unterschlagen. Anschließend die Kokosraspeln bzw. gemahlenen Nüsse oder Mandeln unterheben.

3. Die Masse teelöffelweise mit Abstand auf das Blech setzen. Auf der mittleren Schiene 10–15 Min. im Ofen backen.

Lebensmittel sind viel zu kostbar für den Müll.

# MÖHREN-ORANGEN-SUPPE

## mit Energieschub für Bewegungsmonster

DAS BRAUCHT IHR: ca. 45 Min. Zeit | Zitruspresse | Sparschäler | Arbeitsbrett | Messer | großer Topf | Mixer oder Stabmixer | kleine Pfanne

### ZUTATEN

**Suppe:**

- 1 Orange
- 450 g Möhren
- 150 g mehligkochende Kartoffeln
- 1 kleine Zwiebel
- 1 Knoblauchzehe
- ¾ EL Rapsöl
- je 1 TL gemahlener Kreuzkümmel und Koriander
- ¾ TL gemahlener Ingwer
- 450 ml Gemüsebrühe
- 225 ml Milch (1,5 % Fett)
- Salz | Pfeffer

**Topping:**

- 1,5 Scheiben Vollkorn-Toastbrot
- 2 TL Olivenöl
- 2 TL gehackte gemischte Kräuter (frisch oder TK)

1. Für die Suppe die Orange auspressen.

2. Die Möhren und Kartoffeln schälen und klein schneiden.

3. Die Zwiebel und den Knoblauch schälen und würfeln.

4. In einem großen Topf das Rapsöl erhitzen. Zwiebeln und Knoblauch darin ca. 3 Min. anschwitzen. Möhren, Kartoffeln, Kreuzkümmel, Koriander und Ingwer dazugeben, umrühren und noch mal ca. 3 Min. mit anschwitzen.

5. Gemüsebrühe und Milch in den Topf gießen, den Deckel auflegen und das Gemüse ca. 20 Min. weich kochen. Danach noch den Orangensaft dazugeben und die Suppe im Mixer oder direkt im Topf mit dem Stabmixer fein pürieren. Zum Schluss mit Salz und Pfeffer abschmecken.

6. Während die Suppe kocht, für das Topping das Toastbrot von der Rinde befreien und in ca. 1 cm große Würfel schneiden.

7. In einer kleinen Pfanne das Olivenöl erhitzen und die Brotwürfelchen darin unter gelegentlichem Rühren goldbraun braten. Dann salzen und mit den gehackten Kräutern vermengen.

8. Die Suppe auf Teller verteilen und mit den Brotwürfeln bestreuen – am besten erst direkt am Tisch, damit sie noch schön knusprig sind.

Steffens
Lieblings-
rezept

# HÄHNCHEN

## im Bratschlauch mit Möhrenstampf

DAS BRAUCHT IHR: ca. 1 Std. 45 Min. Zeit | Bratschlauch | Arbeitsbrett | Messer | Schüssel | Backblech | Topf | Kartoffelstampfer

**ZUTATEN**

1 Hähnchen (ca. 1,4 kg; bratfertig)
edelsüßes Paprikapulver
Salz | Pfeffer
1 Bund Möhren (ca. 1 kg)
1 große mehligkochende Kartoffel (ca. 300 g)
1 große Zwiebel
2 EL Olivenöl
1 Knoblauchzehe
2 Zweige Thymian
2 EL Butter
1 Bund Schnittlauch

1. Backofen auf 200° (185° Umluft) vorheizen. Einen Bratschlauch an einer Seite verknoten. Das Hähnchen innen und außen sorgfältig kalt abbrausen, dann mit Küchenpapier trocken tupfen und rundherum mit Paprikapulver, Salz und Pfeffer würzen.

2. Die Möhren, die Kartoffel und die Zwiebel schälen und in grobe Stücke schneiden (ca. 2 x 2 cm). In einer Schüssel mit dem Olivenöl vermengen. Mit Salz und Pfeffer würzen.

3. Den Knoblauch schälen und die Zehe dann z. B. mit dem Topfboden leicht andrücken. Den Thymian abbrausen und trocken schütteln. Mit dem Knoblauch, dem Möhren-Kartoffel-Zwiebel-Mix sowie dem Hähnchen in den Bratschlauch geben.

4. Den Bratschlauch verschließen, auf ein Blech legen und das Hähnchen im Ofen auf einer der unteren Schienen ca. 1 Std. garen.

5. Das Blech aus dem Ofen nehmen. Den Bratschlauch öffnen (Vorsicht: heiß!), das Hähnchen herausnehmen, direkt auf das Blech setzen und im Ofen in 10–15 Min. kross fertig backen.

6. Das Gemüse mit dem Sud aus dem Bratschlauch in einen Topf umfüllen, Knoblauch und Thymian entfernen. die Butter dazugeben und alles grob zerstampfen. Mit Salz und Pfeffer abschmecken.

7. Den Schnittlauch abbrausen, trocken schütteln, in Röllchen schneiden und über den Möhrenstampf streuen.

# SPINAT

Grüne Vitaminbombe für Leckermäuler

# Grün, grün, grün ...

**Spinat hat bei vielen eher einen schlechten Ruf. Völlig zu Unrecht, denn er schmeckt superlecker!**

Früher dachte man, dass Spinat unheimlich stark macht, weil er so viel Eisen enthält. Aber dann hat man herausgefunden, dass sich die Assistentin des Arztes, der die Inhaltsstoffe erforscht hat, wohl nur vertippt hatte. Möglicherweise hat der Doktor auch getrockneten Spinat untersucht. Weil dieser kein Wasser enthält, liegen die Inhaltsstoffe in ihm viel konzentrierter vor. Auf jeden Fall weiß man heute, dass gar nicht so viel Eisen im Spinat steckt. Trotzdem ist er sehr gesund und zum Beispiel gut für die Augen – genauso wie Möhren.

Babyspinat für Salat

## Zartes Pflänzchen

Vor allem der zarte Blatt- und Babyspinat wird schnell welk. Er bleibt deswegen auch im Kühlschrank höchstens zwei Tage frisch, danach ist er labbrig und schmeckt auch nicht mehr. Am besten schlagt ihr ihn locker in ein sauberes Küchenhandtuch und legt ihn in die Gemüseschublade.

## TK-Spinat

Tiefkühlspinat ist übrigens genauso gut wie frischer. Achtet beim Einkaufen aber darauf, dass wirklich nur Spinat pur in der Schachtel oder dem Beutel ist und keine Sahne oder andere Zutaten.

## Starke Farbe!

Der grüne Pflanzenfarbstoff im Spinat, das Chlorophyll, eignet sich gut zum Färben von selbst gemachten Nudeln oder Spätzle. Sogar Ostereier könnt ihr mit Spinat färben.

## Darf man Spinat jetzt aufwärmen oder nicht?

Man darf! Wenn mal etwas übrig bleibt, solltet ihr die Reste allerdings nicht lange warm halten, sondern gleich in den Kühlschrank stellen. Und am nächsten Tag erhitzt ihr dann den Spinat einfach noch einmal richtig gut.

# ALLES-IN-EINEM-FRÜHSTÜCK

## für starke Kinder

DAS BRAUCHT IHR: ca. 35 Min. Zeit | Mixer oder Stabmixer und hohes Gefäß | Schneebesen | Arbeitsbrett | Messer | Sparschäler | Schüssel | Pfanne

### ZUTATEN

**Teig:**

100 g Rahmspinat (TK; aufgetaut)
2 Eier (Größe L)
300 ml Milch (ersatzweise pflanzliche Alternative, z. B. Haferdrink)
Salz
250 g Dinkel-Vollkornmehl (ersatzweise anderes Vollkornmehl)
2 EL Rapsöl

**Gemüse-Sticks:**

2 Möhren (ca. 200 g)
1 Paprika (ca. 200 g)
½ Salatgurke (180–200 g)

**Dip:**

½ Bund Schnittlauch
150 g Kräuterfrischkäse
150 g Magerquark
Pfeffer
2 EL Joghurt (3,5 % Fett)

1. Für den Teig den aufgetauten Spinat zusammen mit den Eiern, der Milch und 1 Messerspitze Salz im Mixer oder in einem hohen Gefäß mit dem Stabmixer fein pürieren. Das Mehl mit dem Schneebesen unterrühren und den Teig dann ca. 10 Min. quellen lassen.

2. Inzwischen für die Gemüsesticks die Möhren schälen und die Paprika und Gurke waschen. Die Paprika halbieren und den Stielansatz sowie das Kerngeäuse im Inneren entfernen. Die Gurke der Länge nach halbieren und das Kerngehäuse mit einem Löffel herausschaben. Anschließend alle drei Gemüse in Stifte schneiden.

3. Für den Dip den Schnittlauch abbrausen, trocken schütteln und in feine Röllchen schneiden. In einer Schüssel mit dem Kräuterfrischkäse und Quark verrühren. Mit Salz und Pfeffer würzen.

4. Wenn der Teig geruht hat, etwas Öl in einer Pfanne erhitzen. Eine Kelle Teig hineingeben und durch Schwenken der Pfanne verteilen. Den Pfannkuchen bei mittlerer Hitze 3–4 Min. backen, dabei einmal wenden. Herausnehmen und abkühlen lassen. Aus dem restlichen Teig 3–5 weitere Pfannkuchen backen.

5. Die kalten Pfannkuchen mit der Hälfte des Dips bestreichen, aufrollen und in 3–4 cm breite Scheiben schneiden. Anschließend die »Schnecken« und die Gemüsesticks in Schalen anrichten.

6. Den restlichen Dip mit dem Joghurt verrühren und separat dazu servieren.

# GONGERS SPINAT AHOI

## mit Süßkartoffelpüree und Fischstäbchen

DAS BRAUCHT IHR: ca. 1 Std. 15 Min. Zeit | Sparschäler | Arbeitsbrett | Messer | Töpfe | Kartoffelstampfer | Auflaufform (ca. 20 x 30 cm) | Küchenpinsel

### ZUTATEN

**Süßkartoffelpüree:**

je 500 g Süßkartoffeln und mehligkochende Kartoffeln
Salz
200 ml Milch
50 g Butter
geriebene Muskatnuss
Pfeffer

**Fischstäbchen:**

1 EL Pflanzenöl, z. B. Rapsöl
4 Fischfilets (à 150 g; z. B. Seelachsfilet)
2 EL Zitronensaft
1 Ei (Größe L)
1 EL Cornflakes
4 EL Semmelbrösel
1 EL Butter

**Spinat:**

500 g junger Blattspinat (TK; aufgetaut)
1 kleine Zwiebel
1 Knoblauchzehe
1 EL Pflanzenöl (z. B. Rapsöl)
200 g Sahne

1. Für das Püree alle Kartoffeln schälen und klein schneiden (dabei die Süßkartoffelstücke doppelt so groß schneiden). Die Würfel in einem großen Topf mit reichlich Salzwasser geben, das Wasser zum Kochen bringen und die Kartoffeln ca. 25 Min. weich kochen. Danach abgießen und zerstampfen.

2. Milch und Butter in einem kleinen Topf aufkochen und mit einem Löffel unter die gestampften Kartoffeln rühren. Mit Muskatnuss, Salz und Pfeffer abschmecken.

3. Für den Fisch den Backofen auf 200° (185° Umluft) vorheizen. Eine Auflaufform (ca. 20 x 30 cm) mit Öl ausstreichen. Den Fisch in Fischstäbchengröße schneiden, mit Zitronensaft beträufeln und ca. 5 Min. ziehen lassen. Dann rundum salzen und pfeffern und die Stäbchen nebeneinander in die Auflaufform setzen.

4. Das Ei in einer Tasse verquirlen und die Fischstäbchen damit bestreichen. Danach die Cornflakes zerbröseln und mit den Semmelbröseln mischen. Den Mix über die Fischstäbchen streuen und diese dann im Ofen auf der mittleren Schiene ca. 15 Min. garen.

5. Inzwischen den aufgetauten Spinat trocken ausdrücken. Die Zwiebel und den Knoblauch schälen und fein würfeln. Das Pflanzenöl in einem Topf erhitzen und die Zwiebel und den Knoblauch darin 2–3 Min. anschwitzen. Spinat und Sahne dazugeben und ca. 2 Min. mitkochen. Mit Muskatnuss, Salz und Pfeffer abschmecken. Mit den Fischstäbchen und dem Kartoffelpüree servieren.

Steffens
Lieblings-
rezept

# KNUSPRIGES SCHOLLENFILET

*Wenn ihr keine Lust auf Fischstäbchen habt, versucht doch mal dieses Rezept. Geht genauso schnell und schmeckt superlecker.*

DAS BRAUCHT IHR: ca. 20 Min. Zeit | Küchenpapier | kleine Schüssel | Schneebesen | große Pfanne

### ZUTATEN

8 Schollenfilets (à 60 g)
Salz | Pfeffer
3 Eier (Größe M)
100 g Buchweizenmehl
100 g Buchweizenschrot
6 EL Pflanzenöl (z. B. Rapsöl)

1. Die Schollenfilets kalt abbrausen, dann mit Küchenpapier trocken tupfen und von beiden Seiten salzen und pfeffern.

2. Die Eier in einer kleinen Schüssel verschlagen.

3. Das Buchweizenmehl auf einen Teller geben, den Buchweizenschrot auf einen anderen.

4. Den Fisch zuerst im Mehl wenden, dann durch die verquirlten Eier ziehen und zuletzt im Schrot wälzen.

5. In einer großen Pfanne das Öl erhitzen und den panierten Fisch darin portionsweise bei mittlerer Hitze von jeder Seite in ca. 3 Min. goldbraun ausbacken. Herausnehmen und auf Küchenpapier abtropfen lassen. Bis zum Servieren im Backofen (80° Umluft) warm stellen.

# ERDBEEREN

*Genauso lecker wie Kekse naschen*

# Süße Früchtchen

**Erdbeeren schmecken nach Sommer. Vielleicht sind sie deshalb bei uns nach Äpfeln das beliebteste Obst.**

### Erdbeerzeit

In großen Supermärkten gibt es oft das ganze Jahr über Erdbeeren. Die kommen aber oft von weit her. Denn bei uns wachsen Erdbeeren hauptsächlich von Mai bis Ende Juli, unter Schutzabdeckungen und im Gewächshaus auch schon früher und etwas länger. In dieser Erdbeersaison sind die Beeren besonders süß und aromatisch, weil sie reif gepflückt und sofort in den Handel kommen.
Erdbeeren aus Belgien, Italien, Spanien, Griechenland, Marokko oder sogar aus Übersee werden dagegen meist unreif geerntet, weil sie sonst den langen Transportweg gar nicht überstehen würden. Esst also im Herbst und Winter lieber anderes Obst, das genauso lecker ist und nicht viele Tausende Kilometer um die halbe Welt verschickt werden muss. Und freut euch auf den nächsten (Erdbeer-)Sommer!

### Erdbeeren selber pflücken

Im Sommer könnt ihr Erdbeeren fast überall selbst auf Erdbeerfeldern pflücken. Sucht nach knallroten Beeren, ein weißer oder hellgrüner Rand oben zeigt, dass sie noch nicht ganz reif sind. Besonders aromatisch sind die Beeren außerdem, wenn sie am Vormittag gepflückt werden. Und es sollte in den Tagen davor nicht viel geregnet haben, dadurch schmecken die Erdbeeren nämlich wässrig.

### Frische Beeren

Erdbeeren lassen sich leider nicht lange aufheben, am besten esst ihr sie also möglichst frisch. Wascht sie vorher kurz und vorsichtig und knipst danach das Grüne oben mit dem Finger ab oder schneidet es weg. Wenn ihr Erdbeeren im Kühlschrank aufheben wollt: Im Gemüsefach halten sie sich ein bis zwei Tage, dann solltet ihr sie aber vorher nicht waschen.

So schmeckt Sommer!

# ROTE GRÜTZE

## aus Erdbeeren und Kirschen mit Minzsahne

DAS BRAUCHT IHR: ca. 25 Min. Zeit (+ Zeit zum Abkühlen) | Sieb | Arbeitsbrett | Messer | Kirschenentsteiner | Topf | große Schüssel | Frischhaltefolie | Handrührgerät | hohes Gefäß

### ZUTATEN

**Grütze:**

600 g Erdbeeren
200 g Kirschen (ersatzweise aufgetaute TK-Kirschen ohne Stein)
250 ml Apfelsaft
2 EL Zucker
1 TL Zitronensaft
1 EL Speisestärke

**Topping:**

150 g Sahne
2 Stängel Minze (plus Minze zum Garnieren)
50 g Zartbitterschokolade (wenn ihr mögt)

1. Für die Grütze die Erdbeeren waschen, abtropfen lassen, das Grüne wegschneiden oder mit den Fingern abknipsen und die Beeren dann je nach Größe halbieren oder vierteln.

2. Die Kirschen waschen, abtropfen und entkernen.

3. In einem Topf den Apfelsaft mit dem Zucker und dem Zitronensaft aufkochen. Die Stärke mit 2 EL Wasser verrühren und unter Rühren in die Mischung geben, dann nochmals aufkochen. Die vorbereiteten Erdbeeren und Kirschen dazugeben und 2–3 Min. bei kleiner Hitze mitkochen. Dabei gelegentlich umrühren.

4. Die Grütze in eine große Schüssel umfüllen. Frischhaltefolie so darauflegen, dass sie die Grütze direkt berührt – so verhindert ihr, dass sich eine Haut bildet. Aber Vorsicht: die Grütze ist heiß!

5. Wenn die Grütze kalt ist, für das Topping die Sahne in einem hohen Gefäß steif schlagen.

6. Die Minze abbrausen, trocken schütteln, die Blätter abzupfen und fein schneiden. Nach Wunsch die Schokolade fein hacken. Minze und evtl. Schokolade unter die Sahne heben und die Sahne dann zur Grütze servieren. Mit weiterer Minze dekorieren.

# KRÜMELMONSTERS
## kreativer Chaos-Kuchen

**DAS BRAUCHT IHR:** ca. 1 Std. 30 Min. Zeit | Springform (20 cm) | Backpapier | Schüsseln | Küchenmaschine oder Handrührgerät | Kuchengitter | Arbeitsbrett | Messer | Topf | Mixer oder Stabmixer und hohes Gefäß | Eis-Portionierer

### ZUTATEN

**Teig:**
je 125 g Dinkel-Vollkornmehl und Weizenmehl (Type 550 oder 405)
2 TL Backpulver
125 g weiche Butter (plus evtl. Butter für die Form)
250 g Puderzucker
Salz
1 TL Vanilleextrakt
2 Eier (Größe L; Zimmertemperatur)
250 ml Buttermilch (Zimmertemperatur)

**Sauce und Topping:**
350 g Erdbeeren
60 g Zucker
2 TL Zitronensaft
100 g Sahne
4 Kugeln Vanilleeis (wenn ihr mögt)
Kekskrümel (wenn ihr mögt)

1. Backofen auf 180° (170° Umluft) vorheizen. Eine Springform (ca. 20 cm ø) mit Backpapier auslegen oder die Form ausbuttern.

2. In einer Schüssel die beiden Mehlsorten mit dem Backpulver vermischen. In einer zweiten Schüssel die Butter mit dem Puderzucker, 1 Prise Salz sowie dem Vanilleextrakt mit der Küchenmaschine oder dem Handrührgerät schaumig aufschlagen. Dann erst nach und nach die Eier unterschlagen, anschließend abwechselnd die Buttermilch sowie die Mehlmischung unterrühren.

weiterlesen →

3. Den Teig in die vorbereitete Springform füllen und glatt streichen. Die Form auf der mittleren Schiene in den Ofen schieben und den Boden ca. 45 Min. backen.

4. Die Form herausholen und ca. 10 Min. abkühlen lassen. Erst dann den Boden vorsichtig aus der Form stürzen und auf einem Kuchengitter komplett abkühlen lassen. Anschließend in 8–10 Portionen schneiden (nach Wunsch könnt ihr das auch etwas »wilder« gestalten).

5. Für den Sauce die Erdbeeren waschen, abtropfen lassen und das Grüne wegschneiden oder mit den Fingern abknipsen. Die Beeren dann klein schneiden.

6. 220 g Beeren abwiegen und in einen Topf geben (die restlichen Beeren erst einmal zur Seite stellen). Zucker und Zitronensaft zufügen und alles ca. 10 Min. kochen lassen.

7. Den Topf vom Herd nehmen, die Erdbeeren abkühlen lassen und im Mixer oder in einem hohen Gefäß mit dem Stabmixer pürieren.

8. Die Sahne in der Küchenmaschine oder mit dem Handrührgerät steif schlagen.

9. Die Kuchenstücke mit den restlichen klein geschnittenen Erdbeeren, der geschlagenen Sahne und nach Wunsch dem Vanilleeis und den Kekskrümeln »chaosmäßig« anrichten und zum Schluss mit der Erdbeersauce umgießen.

Alles im Leben ist besser mit Erdbeeren!

Steffens
Lieblings-
rezept

# VANILLE-MILCHREIS

**Ihr könnt die Erdbeeren natürlich auch ganz einfach frisch essen, zum Beispiel zu diesem leckeren Milchreis.**

DAS BRAUCHT IHR: ca. 45 Min. Zeit (+ Zeit zum Abkühlen) | Küchenreibe | Arbeitsbrett | Messer | ofenfester Topf | Sieb

### ZUTATEN

1 unbehandelte Orange
1 Vanilleschote
800 ml Milch
Salz
200 g Milchreis
(ersatzweise Risotto-Reis)

1. Für den Milchreis den Backofen auf 125° (Ober-/Unterhitze oder Umluft) vorheizen.

2. Die Orange heiß abwaschen, dann trocken reiben und die Schale fein abreiben. Die Vanilleschote längs halbieren und das Mark herauskratzen. Das Mark mit der Milch und 1 Messerspitze Salz in einem ofenfesten Topf aufkochen.

3. Inzwischen den Reis und die abgeriebene Orangenschale in die kochende Milch rühren. Die Milch nochmals aufkochen, dann den Topf mit Deckel in den Ofen schieben und den Milchreis 30–40 Min. garen. Zwischendurch ein- bis zweimal umrühren.

4. Den fertigen Milchreis aus dem Ofen nehmen und unter gelegentlichem Rühren abkühlen lassen. Vorzugsweise lauwarm servieren.

**Tipp:** Wenn ihr es besonders cremig mögt, hebt ihr noch 75 g geschlagene Sahne unter den lauwarmen Milchreis.

# PAPRIKA

Jetzt kommt Farbe auf den Teller

# Ob grün, gelb oder rot ...

*... Paprika ist kein Exot, sondern ein ganz beliebtes Gemüse. Ob ihr die oder der Paprika sagt, ist übrigens vollkommen egal. Beides ist möglich.*

Bis vor etwa 100 Jahren waren Paprika vor allem eins: scharf! Das zeigt schon ihr Name, denn Paprika kommt vom serbokratischen Wort »pàpar«, was auf Deutsch »Pfeffer« bedeutet. Erst später haben Züchter in Ungarn süßliche Sorten gezüchtet. Heute kommen die meisten Paprika allerdings aus Spanien oder aus niederländischen Gewächshäusern. Und wer es heute scharf will, sollte statt Paprika Peperoni oder Chili kaufen – außer in der Schweiz: Da sind Peperoni Paprika und wer Peperoni will, muss Peperoncini kaufen.

Vitamin-C-Bomben

## Ampelfarben

Ob Paprika grün, gelb oder rot sind, hängt nicht nur von der Sorte ab, sondern auch davon, wann das Gemüse geerntet wird. Die grünen sind immer noch unreif. Deshalb sind sie übrigens meistens auch günstiger. Sie müssen schließlich nicht so lange gepflegt und gegossen werden. Für gelbe, orangefarbene oder rote Paprika werden die Schoten reif geerntet.

## Und wie schmeckt was?

Grüne Paprika schmecken würzig und erfrischend. Gelbe sind milder und süßer und die roten und orangefarbenen sind am aromatischsten. In ihnen stecken auch die meisten Vitamine. Rote Paprika z. B. enthalten 4- bis 10-mal so viel Vitamin C wie Zitronen.

## Küchenwissen

Paprika schmecken roh und gekocht. Vorher aber müsst ihr sie waschen und putzen. Dazu halbiert ihr die Schoten erst einmal. So kommt ihr gut an das Kerngehäuse heran – das sind die weißlichen Stege, an denen die Kerne hängen – und könnt sie entfernen. Nachdem ihr auch den Stiel weggeschnitten habt, könnt ihr das Fruchtfleisch in Spalten, Streifen oder Würfel schneiden.

# GONGER SIEHT ROT

## Gefüllte Paprika

DAS BRAUCHT IHR: ca. 1 Std. Zeit | Backblech oder Auflaufform | Backpapier | Arbeitsbrett | Messer | Küchenmaschine oder Handrührgerät mit Knethaken

### ZUTATEN

je 2 rote und gelbe Paprika
2 feine Frühlingszwiebeln
2 Knoblauchzehen
60 g schwarze Oliven (ohne Stein)
4 EL passierte Tomaten
1 Ei (Größe L)
1 TL Kräuter der Provence
je 1 TL edelsüßes und rosenscharfes Paprikapulver
Salz | Pfeffer
250 g Hackfleisch
250 g Tofu
2 EL Olivenöl
150 g Feta

1. Den Backofen auf 200° (185° Umluft) vorheizen. Ein Blech oder eine passende Auflaufform mit Backpapier belegen.

2. Die Paprika waschen und längs halbieren, dann die Kerne und weißen Trennwände im Inneren entfernen.

3. Für die Füllung die Frühlingszwiebeln waschen, putzen und fein schneiden (etwas von dem Grün beiseitestellen). Den Knoblauch schälen und hacken. Die Oliven fein schneiden. Alles zusammen mit den passierten Tomaten, dem Ei, den Kräutern und Paprikapulver in einer Schüssel mit der Küchenmaschine oder dem Handrührgerät mit Knethaken verkneten. Dann salzen und pfeffern.

4. Die Mischung auf zwei Schüsseln verteilen. In einer das Hackfleisch, in der anderen den zerbröselten Tofu untermengen. Anschließend die Paprikahälften damit füllen – und zwar so, dass ihr am Ende je vier vegetarische und fleischhaltige habt.

5. Die gefüllten Paprika auf das Blech oder in die Form setzen, mit Olivenöl beträufeln und im Ofen auf der mittleren Schiene ca. 30 Min. backen.

6. Inzwischen den Feta würfeln und zerbröseln. Nach der Hälfte der Garzeit über die Paprika streuen und leicht mitbräunen.

7. Nach Ende der Backzeit die Paprika aus dem Ofen nehmen, mit dem Frühlingszwiebelgrün bestreuen und heiß servieren.

Steffens
Lieblings-
rezept

# SCHNELLER CAMPINGSALAT

## mit Couscous und buntem Gemüse

**DAS BRAUCHT IHR:** ca. 30 Min. Zeit | hitzebeständige Schüssel | Arbeitsbrett | Messer | große Pfanne

**ZUTATEN**

200 g Couscous
200 ml Gemüsebrühe (ersatzweise Wasser)
Salz
2 Möhren
1 Fenchel
1 gelbe Paprika
2 rote Paprika
1 mittelgroße Zucchini
2 Schalotten
1 Knoblauchzehe
2 EL Olivenöl
1 Dose Kichererbsen (400 g; Abtropfgewicht ca. 240 g)
je 1 Zweig Thymian und Rosmarin
Zitronensaft
Pfeffer

1. Den Couscous in eine hitzebeständige Schüssel geben. Die Gemüsebrühe bzw. das Wasser aufkochen, über den Couscous gießen, dann salzen und den Couscous ca. 10 Min. quellen lassen.

2. Die Möhren schälen. Den Fenchel, die Paprika und die Zucchini waschen, putzen und zusammen mit den Möhren in mundgerechte Stücke schneiden.

3. Die Schalotten und den Knoblauch schälen und fein würfeln.

4. Das Olivenöl in einer großen Pfanne erhitzen. Schalotten und Knoblauch bei mittlerer Hitze darin 2–3 Min. anschwitzen. Das vorbereitete Gemüse dazugeben, salzen und zugedeckt bei kleiner Hitze bissfest dünsten.

5. Die Kichererbsen abgießen und abtropfen lassen, dann ebenfalls mit in die Pfanne geben.

6. Die Kräuter abbrausen, trocken schütteln, die Blätter bzw. Nadeln von den Stielen streifen und fein schneiden.

7. Das Gemüse und die gehackten Kräuter zum Couscous geben und alles vorsichtig miteinander vermengen. Mit Zitronensaft, Salz und Pfeffer abschmecken.

# Behind the Scenes

Krümelmonster und Gonger nach Drehschluss noch in der Küche? Da ist wohl jemand scharf aufs Essen.

Worum geht es diesmal? Krümelmonster und Gonger sind gespannt.

Die drei vom Foodie Truck. Steffen muss seinen Co-Köchen hinter den Kulissen noch viel erklären.

# BROT & NUDELN

Die schnellen Sattmacher

# Ohne die geht gar nichts

**Was haben Brot und Nudeln gemeinsam? Sie schmecken lecker, machen schön satt und werden aus Mehl gemacht.**

Mehl wird aus Getreide gemahlen, das auf Feldern wächst und im Sommer geernet wird. Mähdrescher mähen wie riesige Rasenmäher die Getreidehalme und dreschen sie gleichzeitig, sodass die Körner aus den Ähren gelöst werden. Was früher von Hand gemacht werden musste und viel Zeit in Anspruch nahm, geht heute also ganz schnell.

## Was bedeutet die Typenzahl beim Mehl?

405, 550, 1050: An der auf der Packung angegebenen sogenannten Typenzahl erkennt ihr, wie fein das Mehl gemahlen wurde: Je kleiner die Zahl, desto feiner das Mehl. Umgekehrt gilt allerdings auch: Je höher die Zahl, desto mehr Mineralstoffe sind enthalten – und umso gesünder ist das Mehl und das, was ihr daraus backt.

## Welches Mehl für was?

Um Kuchen, Weißbrot oder Brötchen zu backen, eignet sich am besten Weizenmehl Type 405 und 550 oder, wenn ihr Dinkelmehl verwenden wollt, Type 630. Für dunkleres Brot mit kräftigerem Geschmack verwendet man dagegen meist Weizenmehl Type 1050 oder 1700, Roggenmehl Type 1150 oder 1800 bzw. Dinkelmehl Type 812 oder 1050. Vollkornbrot wird aus Vollkornmehl gebacken. Das hat übrigens keine Type, weil der Mineralstoffgehalt je nach Ernte schwanken kann.

## Profi-Pasta

Nudeln wollen schwimmen. Zum Nudelkochen braucht ihr also einen großen Topf, in den viel Wasser passt. Pro 100 g Nudeln rechnet ihr einen Liter. Wenn das Wasser kocht, gebt ihr pro Liter Wasser einen Teelöffel Salz dazu. Erst dann kommen die Nudeln in den Topf – wie lang, könnt ihr auf der Verpackung nachschauen.

Mehl ist gemahlenes Getreide.

# KRÜMELMONSTERS

## Monster-Sandwich ohne Krümel

DAS BRAUCHT IHR: ca. 20 Min. Zeit (+ ca. 1 Std. 30 Min. zum Brotbacken und Abkühlen) | Backblech | Backpapier | Schüssel | Sieb | Küchenmaschine oder Handrührgerät mit Knethaken | kleine ofenfeste Schale | Kuchengitter | Arbeitsbrett | Messer | Pfanne | Mixer oder Stabmixer und hohes Gefäß

### ZUTATEN

**Brot:**
je 225 g Weizenmehl (Type 405 oder 550) und Weizen-Vollkornmehl
je 2 TL Backpulver und Natron
1 TL Zucker | ½ TL Salz
3 EL weiche Butter
350 ml Buttermilch
2 EL Rosinen

**Vegane »Leberwurst«:**
2 mittelgroße Zwiebeln
2 Äpfel | 1 EL Rapsöl
350 g Kidneybohnen (aus dem Glas oder der Dose)
100 g fester Tofu
1 EL Tomatenmark
1 TL Sojasauce
½ TL getrockneter Majoran
je 1 TL Zwiebel- und Knoblauchpulver
2 EL Hefeflocken
1 EL Agavendicksaft
Salz | Pfeffer

**Garnitur pro Brot:**
5–6 Maiskörner
je 2 Scheiben Gurke, hart gekochtes Ei und Oliven
½ Kirschtomate

1. Für das Brot den Backofen auf 190° (175° Umluft) vorheizen und ein Blech mit Backpapier belegen.

2. Beide Mehlsorten in eine große Schüssel sieben.

3. Backpulver, Natron, Zucker und Salz zum Mehl geben und alles vermischen. Anschließend mit der Küchenmaschine oder dem Handrührgerät mit Knethaken erst die weiche Butter unterkneten, dann die Buttermilch und zuletzt die Rosinen.

weiterlesen →

4. Den Teig zu einem runden Laib formen, auf das Blech setzen, kreuzweise einschneiden und mit etwas Mehl bestäuben.

5. Ein kleines ofenfestes Schälchen mit Wasser auf den Boden des Backofens stellen, das Blech auf einer der unteren Schienen in den Ofen schieben und das Brot ca. 45 Min. backen (es ist fertig, wenn es beim Klopfen auf die Unterseite hohl klingt).

6. Das Brot aus dem Ofen nehmen und auf einem Kuchengitter abkühlen lassen. Dann zum Servieren in Scheiben schneiden.

7. Für die vegane »Leberwurst« die Zwiebeln schälen und fein würfeln.

8. Die Äpfel vierteln, schälen, das Kerngehäuse entfernen und die Viertel dann ebenfalls in kleine Würfel schneiden.

9. Das Rapsöl in einer Pfanne erhitzen. Zwiebel- und Apfelwürfel darin bei mittlerer bis hoher Hitze 2–3 Min. hellbraun anbraten. Mit Agavendicksaft karamellisieren und anschließend abkühlen lassen.

10. Inzwischen die Kidneybohnen in ein Sieb abgießen, kalt abbrausen und abtropfen lassen. Mit der Apfelmischung sowie den restlichen Zutaten im Mixer oder mit dem Stabmixer in einem hohen Gefäß fein pürieren. Evtl. durch die Zugabe von einer winzigen Menge kaltem Wasser auf die gewünschte Konsistenz bringen. Dann mit Agavendicksaft, Salz und Pfeffer abschmecken.

11. Pro Portion 1 Brotscheibe mit veganer »Leberwurst« bestreichen. Das Brot so auf den Teller legen, dass die gebogene Seite nach unten zeigt. Eine weitere Scheibe Brot mit der gebogenen Seite nach oben so darauflegen, dass die untere »Brotrundung« etwas frei liegt (das ist der Mund). Dort den Mais als Zähne platzieren. Mit den Gurkenscheiben die Ohren, mit der Kirschtomate die Nase und mit dem Ei sowie den Oliven die Augen bauen.

Kekse gehen immer, Monsterbrote aber auch.

# FOODIE TRUCK PESTO-PASTA

## mit gehackten Walnüssen und Kräutern

DAS BRAUCHT IHR: ca. 1 St. 30 Min. Zeit für die Pasta | ca. 20 Min. Zeit für das Pesto | Schüssel | Küchenmaschine oder Handrührgerät mit Knethaken | Frischhaltefolie | kleine Pfanne | Küchenreibe | Mixer oder Stabmixer und hohes Gefäß | Nudelholz oder Nudelmaschine | großer Topf | Sieb

### ZUTATEN

**Pasta:**

je 200 g Weizen-Vollkornmehl und Weizenmehl (Type 405; plus Mehl zum Arbeiten)
4 Eier (Größe L)
2 EL Olivenöl
Salz

**Pesto:**

80 g gehackte Walnusskerne (ersatzweise Sonnenblumenkerne, Kürbiskerne oder andere Saaten; plus Nüsse zum Garnieren)
50 g Parmesan (plus mehr zum Servieren der Pasta)
2 Knoblauchzehen
30 g Basilikum (ersatzweise Rucola, Petersilie oder andere Kräuter; plus Basilikum zum Garnieren)
100 ml Olivenöl (ersatzweise Sonnenblumenöl)
Zitronensaft
Pfeffer

1. Für die Pasta beide Mehlsorten in eine große Schüssel geben.

2. In einer Tasse die Eier mit dem Olivenöl, 3–4 EL kaltem Wasser und 1 TL Salz verrühren. Die Mischung zum Mehl geben und alles mit der Küchenmaschine oder dem Handrührgerät mit Knethaken zu einem geschmeidigen Teig verkneten (nach Bedarf noch ein bisschen mehr Wasser hinzufügen). Den Teig anschließend noch ca. 5 Min. auf einer bemehlten Arbeitsfläche mit den Händen weiterkneten.

weiterlesen →

3. Den Teig in 2 Portionen halbieren, jede davon in Frischhaltefolie wickeln und ca. 1 Std. kalt stellen.

4. Inzwischen für das Pesto die Nüsse in einer kleinen Pfanne ohne Fett goldbraun rösten, dann abkühlen lassen.

5. Den Parmesan reiben und den Knoblauch schälen.

6. Die Kräuter abbrausen, trocken schütteln und die Blätter von den Stängeln zupfen.

7. Die abgezupften Kräuter mit den Nüssen, dem Knoblauch und der Hälfte des Öls im Mixer oder mit dem Stabmixer in einem hohen Gefäß pürieren. Anschließend den geriebenen Parmesan und so viel weiteres Öl dazugeben, dass ein cremiges Pesto entsteht. Mit Zitronensaft, Salz und Pfeffer abschmecken.

8. Wenn der Teig genug geruht hat, die Portionen nacheinander auf einer bemehlten Arbeitsfläche ca. 2 mm dick zu langen Bahnen ausrollen (ca. 20 x 60 cm). Die Teigoberfläche leicht bemehlen und den Teig dann von der schmalen Seite aus aufrollen.

9. Die Teigrolle in ca. 1 cm dicke Scheiben schneiden und diese vorsichtig zu Bandnudeln auseinanderziehen. (Ersatzweise könnt ihr den Teig auch mit einer Nudelmaschine ausrollen und schneiden.)

10. In einem großen Topf reichlich Salzwasser zum Kochen bringen. Die Bandnudel darin ca. 3 Min. kochen, dann in ein Sieb abgießen und abtropfen lassen.

11. Die heißen Nudeln mit dem Pesto auf Tellern anrichten und nach Wunsch mit weiteren Nüssen, Basilikum und geriebenem Parmesan bestreut servieren.

**Tipp:** Wenn es schnell gehen muss, könnt ihr auch fertige Nudeln kochen und zum Pesto reichen. Denkt aber daran, dass die Nudeln dann länger kochen müssen – wie lang genau, steht auf der Verpackung.

Pasta, Pasta, Pasta!

Steffens
Lieblings-
rezept

# FRÜHSTÜCKSBRÖTCHEN

## fürs Sonntagsfrühstück

DAS BRAUCHT IHR: ca. 2 Std. Zeit | hitzebeständige Schüssel | Sieb | große Schüssel | Schneebesen | Küchenhandtuch | Küchenmaschine oder Handrührgerät mit Knethaken | Backblech | Backpapier | Messer

ZUTATEN
(für 10 Brötchen)

je 50 g Sonnenblumen- und Kürbiskerne
Salz
400 g Weizenmehl (Type 550)
100 g Weizen-Vollkornmehl
1 Würfel frische Hefe (42 g)
1 EL Honig

1. Sonnenblumen- und Kürbiskerne in einer hitzebeständigen Schüssel mit kochendem Salzwasser übergießen, 10 Min. quellen lassen und dann in ein Sieb abgießen.

2. In einer großen Schüssel die beiden Mehlsorten miteinander vermischen. Mittig eine Mulde hineindrücken, die Hefe hineinbröckeln und mit 250 ml lauwarmem Wasser, dem Honig sowie etwas Mehl vom Rand vorsichtig verrühren. Diesen Vorteig abgedeckt an einem warmen Ort ca. 15 Min. gehen lassen.

3. Die eingeweichten Sonnenblumen- und Kürbiskerne sowie 1 EL Salz zum Vorteig geben und anschließend alles ca. 10 Min. in der Küchenmaschine oder mit dem Handrührgerät mit Knethaken verkneten.

4. Ein Blech mit Backpapier auslegen. Den Teig in 10 Portionen teilen und zu runden Brötchen formen. Auf das Blech setzen und mit einem Küchenhandtuch abgedeckt ca. 30 Min. gehen lassen.

5. Danach die Brötchen auf der Oberfläche mit einem scharfen Messer kreuzweise einschneiden, wieder abdecken und noch einmal ca. 30 Min. gehen lassen.

6. Den Backofen auf 200° (185° Umluft) vorheizen. Die Brötchen auf der mittleren Schiene in 15–18 Min. kross backen. Herausnehmen und auf einem Kuchengitter abkühlen lassen.

Steffens
Lieblings-
rezept

# FUSILLI

## alla Nonna

DAS BRAUCHT IHR: ca. 35 Min. Zeit | Arbeitsbrett | Messer | Küchenreibe | Pfanne | großer Topf | Sieb

### ZUTATEN

2 Zwiebeln
500 g Brokkoli
100 g durchwachsener Speck oder Pancetta
50 g Parmesan
4 EL Olivenöl
Salz
250 g Fusilli
4 aromatische Tomaten (z. B. Roma- oder Strauchtomaten)
Pfeffer

1. Die Zwiebeln schälen und in feine Streifen schneiden.

2. Den Brokkoli waschen und in kleine Röschen teilen. Den Strunk dick schälen und in ca. 1 cm große Würfel schneiden.

3. Den Speck bzw. die Pancetta ebenfalls in dünne Streifen schneiden.

4. Den Parmesan fein reiben.

5. In einer Pfanne 1 EL Olivenöl erhitzen. Zwiebeln und Speck darin 4–5 Min. hellbraun braten. Danach beiseitestellen.

6. In einem großen Topf reichlich Salzwasser zum Kochen bringen und die Fusilli darin nach Packungsanweisung bissfest kochen. 3 Min. vor dem Ende der Garzeit die Brokkoliröschen sowie den gewürfelten Strunk mit in das Nudelwasser geben und mitgaren. Anschließend alles in ein Sieb abgießen und abtropfen lassen (dabei etwas Kochwasser auffangen).

7. Fusilli, Brokkoli, ca. 50 ml Kochwasser, geriebenen Parmesan, Zwiebel-Speck-Mischung sowie das restliche Olivenöl zurück in den Topf geben und vorsichtig miteinander vermengen.

8. Die Tomaten waschen, halbieren und das Fruchtfleisch anschließend über den Brokkoli-Nudeln auspressen. Zum Schluss alles mit Pfeffer abschmecken.

# ZUCCHINI

Das Geht-immer-Gemüse
aus dem Süden

# Mild und nussig

*Zucchini mag jeder und egal wie man sie zubereitet: Es geht eigentlich immer ziemlich schnell.*

Wusstet ihr, dass Zucchini italienisch ist und »kleiner Kürbis« bedeutet? Die ersten Exemplare wurden nämlich in Italien aus Gartenkürbissen gezüchtet. Wenn man sie lässt, können die »kleinen Kürbisse« allerdings zu echten Riesen heranwachsen: Die größte in Deutschland gezogene Zucchini brachte fast 57 Kilo auf die Waage, also ungefähr so viel wie ein neugeborenes Flusspferdbaby. Essen kann man so einen dicken Brummer allerdings nicht mehr. Denn in der Küche gilt: je kleiner Zucchini, desto knackiger und aromatischer. Je größer sie werden, desto schwammiger und fade werden sie.

Die besten: kleine Zucchini

## Bunte Vielfalt

Im Geschäft und auf dem Markt sieht man am häufigsten dunkelgrüne Zucchini. Es gibt aber auch gelbe, hellgrüne und fast weiße Sorten. Und während manche Zucchini aussehen wie Gurken, sind andere keulenförmig oder kugelrund. Aber egal welche Form sie haben: Im Geschmack unterscheiden sie sich kaum.

## Allround-Gemüse

Ob gebraten, gegrillt, gebacken, geschmort, gedünstet oder roh, ob zu Fleisch, Fisch, Ei, Tofu, Nudeln, ob als Auflauf, Suppe, Beilage oder Salat: Mit Zucchini kann man in der Küche so ziemlich alles anstellen. Sogar Brot kann man aus ihnen backen. Das ist vor allem in den USA beliebt, weshalb dort jedes Jahr am 25. April der Nationale Zucchini-Brot-Tag gefeiert wird.

## Küchenwissen

Im Kühlschrank bleiben Zucchini ein bis zwei Wochen frisch, ungekühlt nur zwei bis drei Tage. Weil die Schale essbar ist, müsst ihr sie vor dem Verarbeiten nur waschen und die Enden abschneiden. Danach könnt ihr die Zucchini halbieren, in Scheiben schneiden, würfeln, durch den Spiralschneider drehen ...

# HERZ-PIZZA

## mit Zucchini, Tomate und Käse

DAS BRAUCHT IHR: ca. 2 Std. Zeit | große Schüssel | Küchenhandtuch | Küchenmaschine oder Handrührgerät mit Knethaken | Arbeitsbrett | Messer | Sieb | Mixer oder Stabmixer mit hohem Gefäß | Backbleche | Backpapier

### ZUTATEN

**Teig:**
500 g Dinkel-Vollkornmehl (plus etwas zum Arbeiten)
½ Würfel frische Hefe (21 g; ersatzweise ½ Päckchen Trockenhefe)
2 EL Olivenöl
Salz

**Sauce:**
1 mittelgroße Zwiebel
1 Knoblauchzehe
100 g getrocknete Tomaten (in Öl)
4 Zweige Basilikum
2 EL Tomatenmark
1 kleine Dose Tomaten (425 g)
1 EL Honig
Salz | Pfeffer

**Belag:**
je 300 g grüne und gelbe Zucchini
2 EL Olivenöl
200 g geriebener Käse (wenn ihr mögt)

1. Für den Teig das Mehl in eine große Schüssel sieben und eine Mulde in die Mitte drücken. Dorthinein die Hefe bröckeln und mit 220 ml (besser 300 ml) lauwarmem Wasser sowie etwas Mehl mit einem Löffel verrühren. Die Schüssel mit einem sauberen Küchenhandtuch abdecken und den Vorteig ca. 5 Min. gehen lassen.

2. Wenn sich im Vorteig Bläschen bilden, Olivenöl und 1 TL Salz dazugeben und alles in der Küchenmaschine oder dem Handrührgerät mit Knethaken ca. 10 Min. kneten.

weiterlesen →

3. Die Schüssel wieder abdecken und den Teig noch einmal ca. 1 Std. an einem warmen Ort gehen lassen.

4. Inzwischen für die Tomatensauce die Zwiebel und den Knoblauch schälen und klein schneiden.

5. Die getrockneten Tomaten in einem Sieb abtropfen lassen und dann ein bisschen kleiner schneiden.

6. Die Basilikumblätter abzupfen (einige Blätter zum Garnieren beiseitelegen!).

7. Alles mit dem Tomatenmark, den Dosentomaten und dem Honig in einen Mixer geben und pürieren (alternativ in einem hohen Gefäß mit dem Stabmixer pürieren). Zum Schluss mit Salz und Pfeffer abschmecken.

8. Die Zucchini waschen, die Enden abschneiden und was übrig bleibt, längs oder quer in Scheiben schneiden oder würfeln (nach Wunsch könnt ihr die Zucchini vor dem Belegen noch braten oder grillen).

9. Den Backofen auf 185° (Umluft) vorheizen. Zwei Bleche mit Backpapier belegen.

10. Den Teig in vier Portionen teilen. Je zwei davon auf ein Blech geben und mithilfe von etwas Mehl zu 3–4 mm dicken Herzen formen.

11. Die Teigherzen mit Tomatensauce bestreichen, mit Zucchini belegen und mit Olivenöl beträufeln. Wer mag, streut auch noch Käse auf.

12. Beide Bleche in den Ofen schieben und die Pizzen 20–25 Min. backen. Nach ungefähr der Hälfte der Backzeit die Bleche einmal tauschen: das untere kommt jetzt nach oben, das obere nach unten.

13. Vor dem Servieren das restliche Basilikum über die fertigen Pizzen zupfen.

Ham, ham, ham,
ham, ham …

# ZUDELNUDEL– Kuddelmuddel

DAS BRAUCHT IHR: ca. 30 Min. Zeit | Arbeitsbrett | Messer | hohes Gefäß | große Schüssel | Mixer oder Stabmixer und hohes Gefäß | Spiralschneider oder Sparschäler | kleine Pfanne

## ZUTATEN

**Sauce:**
½ reife Mango
1 EL mittelscharfer Senf
1 TL Honig
4 EL weißer Balsamico-Essig
50 ml Olivenöl
Salz

**Zoodles:**
4 grüne Zucchini (à ca. 200 g)
350 g Kirschtomaten
1 kleine rote Zwiebel
40 g Pinienkerne
1 Handvoll Minzeblätter

1. Für die Sauce die Mango von der Schale und dem Kern befreien und das Fruchtfleisch dann in Stücke schneiden. 150 g davon abwiegen und mit Senf, Honig und Essig im Mixer oder in einem hohen Gefäß mit dem Stabmixer pürieren.

2. Unter weiterem Mixen nach und nach in einem dünnen Strahl das Olivenöl dazugießen und die Sauce am Schluss mit Salz abschmecken. In eine große Schüssel umfüllen.

3. Die Zucchini waschen, die Enden abschneiden und den Rest mithilfe eines Spiralschneiders in lange »Spaghetti« schneiden. (Wenn ihr keinen Spiralschneider habt, hobelt ihr die Zucchini erst mit einem Sparschäler der Länge nach in dünne Streifen und schneidet diese dann mit einem Messer in feine Streifen.)

4. Die Zucchini-Spaghetti (Zoodles) mit der Mangosauce vermengen und ca. 10 Min. ziehen lassen.

5. Inzwischen die Kirschtomaten waschen und vierteln.

6. Die Zwiebel schälen, halbieren und in feine Streifen schneiden.

7. Die Pinienkerne in einer kleinen Pfanne ohne Fett rösten.

8. Zum Servieren die Zoodles mit der Sauce in tiefen Tellern anrichten, mit Kirschtomaten, Zwiebeln und Pinienkernen garnieren und zum Schluss die Minze darüberzupfen.

Steffens
Lieblings-
rezept

# MINESTRONE

## frisch aus dem Gemüsegarten

**DAS BRAUCHT IHR:** ca. 1 Std. Zeit | Arbeitsbrett | Messer | Topf | Schaumkelle | Sparschäler | großer Topf

### ZUTATEN

2 reife, aromatische Tomaten
1 Bund Suppengemüse (Lauch, Sellerie, Möhren)
200 g vorwiegend festkochende Kartoffeln
200 g breite Bohnen
1 kleine Zucchini (ca. 100 g)
100 g Wirsing
1 mittelgroße Zwiebel
1 Knoblauchzehe
100 g durchwachsener Speck oder Pancetta
2 EL Olivenöl
1 EL Tomatenmark
1 l Rinderbrühe
½ Bund Petersilie
Salz | Pfeffer
40 g geriebener Parmesan

1. Für die Sauce zunächst die Tomaten waschen und die Haut an der Unterseite mit einem scharfen Messer kreuzförmig einritzen (dabei nicht zu tief ins Fruchtfleisch schneiden).

2. In einem großen Topf Wasser zum Kochen bringen. Die Tomaten für 30–40 Sek. hineingeben, danach gleich wieder mit einer Schaumkelle herausheben und in kaltem Wasser (noch besser in einer Schüssel mit Wasser und Eiswürfeln) abschrecken. Jetzt lässt sich die Haut ganz leicht abziehen.

weiterlesen →

3. Die geschälten Tomaten vierteln. Dabei den Stielansatz herausschneiden und das glibberige Kerngehäuse entfernen. Das, was übrig bleibt, fein würfeln.

4. Das Suppengemüse putzen und gegebenenfalls schälen.

5. Die Kartoffeln schälen und zentimetergroß würfeln.

6. Die Bohnen und die Zucchini waschen und die Enden abknipsen bzw. -schneiden. In Stücke schneiden.

7. Den Wirsing waschen, die Blätter ablösen und in Streifen schneiden.

8. Die Zwiebel und den Knoblauch schälen und fein würfeln.

9. Den Speck ebenfalls in kleine Würfelchen schneiden.

10. In einem großen Topf das Olivenöl erhitzen. Zwiebel, Knoblauch und Speck darin ca. 3 Min. anschwitzen.

11. Das ganze klein geschnippelte Gemüse sowie das Tomatenmark mit in den Topf geben und noch einmal ca. 3 Min. mit anschwitzen. Dann die Rinderbrühe dazugießen, alles einmal aufkochen und die Suppe 10–12 Min. bei mittlerer Hitze vor sich hin kochen lassen.

12. Inzwischen die Petersilie waschen und trocken schleudern, dann die Blätter von den Stielen zupfen und fein schneiden.

13. Wenn das Gemüse weich ist, die Petersilie in die Suppe rühren und mit Salz und Pfeffer abschmecken.

14. Die Minestrone auf tiefe Teller verteilen und mit geriebenem Parmesan bestreuen.

**Tipp:** Wenn ihr gerne Nudelsuppe esst könnt ihr auch noch Spaghetti in die Minestrone geben. Dazu die Spaghetti (zum Beispiel an der Tischkante) klein brechen und einfach die 10–12 Min. in der Suppe mitkochen.

Kein Weg ist zu weit für Zucchini.

# KARTOFFELN

*Da geht noch mehr als Pommes*

# Tolle Knolle

**Erdapfel oder Erdbirne, Duffel, Grumbeere, Potaten, Tüffel, Tüffke: das sind alles andere Namen für die Kartoffel**

Deutschland ist ein Kartoffelland. Trotz Pasta und Pizza isst bei uns jeder immer noch rund 55 Kilo Kartoffeln im Jahr. Der Großteil davon wird auch hierzulande angebaut. Kartoffeln sind also total regional.

### Was ist eigentlich der Unterschied …

… zwischen festkochend, vorwiegend festkochend und mehligkochend? Bei festkochenden Kartoffeln bleibt das Innere nach dem Kochen schön schnittfest. Sie eignen sich daher besonders gut für Salz- und Pellkartoffeln oder Kartoffelsalat. Mehligkochende Kartoffeln zerfallen dagegen schon beim Kochen. Deswegen sind sie ideal für Kartoffelbrei, Kartoffelpuffer, Knödel und Kartoffelsuppe. Vorwiegend festkochende Sorten liegen irgendwo dazwischen.

### Luxuskartoffel

Eine der teuersten Kartoffelsorten der Welt stammt aus Frankreich. Für ein Kilo »La Bonnotte« werden bis zu 500 Euro gezahlt. Im Vergleich: Im Supermarkt bekommt ihr ein Kilo Kartoffeln schon für etwas mehr als 1 Euro. Was die »Bonnotte« so besonders macht: Weil sie mit Seetang gedüngt und mit Meerwasser gegossen werden, schmecken sie von Natur aus leicht salzig.

### Mit oder ohne Schale?

Lasst die Schale bei Kartoffeln möglichst dran, denn in und direkt unter ihr sind die meisten gesunden Inhaltsstoffe. Grüne Stellen und Triebe (die sogenannten Augen) müsst ihr aber immer wegschneiden, weil sie einen Stoff enthalten (Solanin), der leicht giftig ist und Kopfschmerzen sowie Magen-Darm-Beschwerden verursachen kann.

Wenn Kartoffeln zu hell gelagert werden, bilden sich ebenfalls grüne Stellen. Das lässt sich aber ganz einfach verhindern, indem ihr sie an einem möglichst dunklen Ort aufhebt.

Kartoffeln sind super!

# KNÖDEL

## mit süßer Füllung aus Aprikosen

DAS BRAUCHT IHR: ca. 1 Std. 15 Min. Zeit | Töpfe | Sieb | sauberes Küchenhandtuch | Schüsseln | Arbeitsbrett | Messer | Kartoffelpresse | Schneebesen | Küchenmaschine oder Handrührgerät mit Knethaken | Pfanne | Schaumkelle | Eis-Portionierer

### ZUTATEN

**Knödel:**
4 mehligkochende Kartoffeln (ca. 550 g)
Salz
300 g Magerquark
8 kleine Aprikosen
1 große unbehandelte Zitrone
2 Eier (Größe S)
5 EL Weizenmehl (Type 405; ca. 75 g)
4 EL Grieß (ca. 75 g)
Zucker

**Brösel:**
100 g Butter
200 g Semmelbrösel (ersatzweise gemahlene Brotkrumen)
2 Päckchen Vanillezucker
½ TL Zimtpulver (plus etwas zum Bestäuben)

**Außerdem:**
Puderzucker
4 Kugeln Vanilleeis (wenn ihr mögt)

1. Am Vortag für die Knödel die Kartoffeln gründlich waschen, aber nicht schälen. Einen großen Topf mit Wasser füllen, kräftig salzen und die Kartoffeln darin in 20–25 Min. weich kochen. Danach abgießen und auskühlen lassen.

2. Ebenfalls am Vortag ein Sieb mit einem sauberen Küchenhandtuch auslegen, den Quark hineingeben und über einer Schüssel über Nacht in den Kühlschrank stellen, damit möglichst viel Flüssigkeit heraustropft.

weiterlesen →

3. Am nächsten Tag die Aprikosen waschen, einschneiden und entkernen.

4. Die vorgekochten Kartoffeln pellen und durch eine Kartoffelpresse in eine große Schüssel drücken.

5. Die Zitrone heiß abwaschen, dann trocken reiben und die Schale fein abreiben.

6. Die Eier in einer Tasse verschlagen und mit dem abgetropften Quark, der Zitronenschale, dem Mehl, dem Grieß und 1 Messerspitze Salz zu den durchgedrückten Kartoffeln geben. Anschließend alles in der Küchenmaschine oder mit dem Handrührgerät mit Knethaken zu einem geschmeidigen Teig verkneten.

7. Die Knödelmasse in 8 Portionen teilen. Jede davon zu einer Kugel rollen, dann flach drücken, je eine Aprikose daraufsetzen, den Teig drum herum schlagen und zwischen den Händen wieder vorsichtig zum Knödel rollen.

8. In einem großen Topf reichlich leicht gezuckertes Wasser zum Kochen bringen. Die gefüllten Knödel vorsichtig hineingleiten lassen und ca. 15 Min. gar ziehen lassen (das Wasser darf dabei nicht mehr kochen, dreht daher die Temperatur etwas herunter).

9. Inzwischen in einer Pfanne die Butter schmelzen und die Semmelbrösel darin unter gelegentlichem Rühren goldbraun braten. Zum Schluss Vanillezucker und Zimt untermischen.

10. Die fertigen Knödel mit einer Schaumkelle aus dem Kochwasser heben, kurz abtropfen lassen und anschließend in der Pfanne mit den Semmelbröseln wälzen.

11. Je zwei Knödel auf einem Teller anrichten und mit Puderzucker sowie weiterem Zimt bestäuben. Nach Wunsch mit je einer Kugel Eis servieren.

Wie Kekse,
nur noch besser!

# KNÖDEL

## mit pikanter Füllung aus Champignons und Speck

DAS BRAUCHT IHR: ca. 1 Std. 45 Min. Zeit | Töpfe | evtl. Dampfgarer | Arbeitsbrett | Messer | Pfannen | Kartoffelpresse | Schüsseln | Küchenreibe | sauberes Küchenhandtuch | Schaumkelle

### ZUTATEN

**Knödel:**

800 g mehligkochende Kartoffeln
Salz
1 mittelgroße Zwiebel
150 g Champignons
50 g Putenspeck (ersatzweise anderer Speck nach Wahl)
1 EL Rapsöl
75 ml roter Traubennektar
1 EL getrockneter Thymian
Pfeffer
1 Eigelb ( Größe L)
geriebene Muskatnuss
Speisestärke (bei Bedarf)

**Topping:**

4 EL Vollkorn-Brotkrumen (ersatzweise Vollkornbrösel)
4 EL Butter
½ Bund Schnittlauch

1. Für die Knödel 300 g Kartoffeln waschen und in der Schale in einem großen Topf in Salzwasser 20–25 Min. kochen. Danach abgießen und sorgfältig ausdämpfen lassen. (Wenn ihr zu Hause einen Dampfgarer habt, könnt ihr die Kartoffeln in der Schale auch darin ca. 30 Min. dämpfen, bis sie weich sind.)

2. Für die Füllung die Zwiebel schälen und fein würfeln.

3. Die Champignons putzen und ebenfalls in kleine Würfel schneiden.

4. Den Speck auch noch würfeln.

5. Das Rapsöl in einer Pfanne erhitzen. Erst die Zwiebeln und den Speck darin 1–2 Min. leicht anbraten. Dann die Pilze dazugeben und 2–3 Min. mitbraten. Mit Traubennektar ablöschen und diesen einkochen.

6. Die Pfanne vom Herd nehmen, die Pilzmischung mit getrocknetem Thymian, Salz und Pfeffer abschmecken und dann komplett abkühlen lassen.

7. Die gekochten bzw. gedämpften Kartoffeln pellen und durch eine Kartoffelpresse in eine Schüssel drücken.

weiterlesen →

8. Die restlichen, noch rohen Kartoffeln schälen und fein reiben. Die Raspel anschließend auf ein sauberes Küchenhandtuch geben, das Tuch darüber zusammendrehen und die Kartoffeln sorgfältig über einer Schüssel ausdrücken (die anfallende Flüssigkeit nicht wegschütten).

9. Wenn sich die Kartoffelstärke aus der Flüssigkeit am Boden der Schüssel abgesetzt hat, das »Wasser« darüber vorsichtig wegschütten. Stattdessen die gepressten und die geriebenen Kartoffeln sowie das Eigelb mit in die Schüssel geben, mit Salz und Muskatnuss würzen und alles zügig mit den Händen verkneten. Wenn der Teig zu klebrig ist, noch etwas Stärke hinzufügen.

10. Die Kartoffelmasse in 8 Portionen teilen. Jede davon zu einer Kugel rollen, dann flach drücken, je ein Achtel der Pilzmasse daraufsetzen, den Teig darüberschlagen und zwischen den Händen vorsichtig zu einem Knödel rollen.

11. In einem großen Topf reichlich Salzwasser zum Kochen bringen. Die Knödel vorsichtig hineingleiten und in ca. 20 Min. gar ziehen lassen (das Wasser darf dabei nicht mehr kochen, dreht daher die Temperatur etwas herunter).

12. Inzwischen in einer Pfanne die Butter schmelzen und die Brotkrumen darin unter gelegentlichem Rühren goldbraun braten. Zum Schluss leicht salzen.

13. Den Schnittlauch abbrausen, trocken schütteln und in feine Röllchen schneiden.

14. Die fertigen Knödel mit einer Schaumkelle aus dem Kochwasser heben und kurz abtropfen lassen.

15. Je zwei Knödel auf einen Teller geben. Mit gerösteten Brotkrumen sowie Schnittlauch garnieren.

# FÜLLUNG OHNE FLEISCH

Wenn ihr kein Fleisch esst,
könnt ihr die Knödel auch vegetarisch füllen.
Hier zwei Beispiele (der Rest wird gemacht wie beschrieben).

## Füllung mit Tofu, Chinakohl und rotem Curry

ZUTATEN: 100 g fester Tofu | 20 g frischer Ingwer | 90 g Chinakohl | 1 Frühlingszwiebel | 1 Schalotte | 1 Knoblauchzehe | 1 EL Rapsöl | je 1 EL rote Currypaste und Kokosmilch | Salz

1. Den Tofu zerbröckeln.

2. Den Ingwer schälen und fein würfeln.

3. Den Chinakohl und die Frühlingszwiebel putzen, waschen und fein schneiden.

4. Die Schalotte und den Knoblauch schälen und fein würfeln.

5. Das Öl in einer großen Pfanne erhitzen und die Schalotten darin anschwitzen. Ingwer und Knoblauch dazugeben und kurz mit anschwitzen. Dann Frühlingszwiebeln und Chinakohl hinzufügen und den Kohl zusammenfallen lassen. Tofu, Currypaste sowie Kokosmilch einrühren und alles mit Salz abschmecken.

## Spinat-Feta-Füllung

ZUTATEN: 100 g Feta | 300 g TK-Blattspinat | 1 mittelgroße Zwiebel | 1 Knoblauchzehe | 2 EL Butter | 50 g Crème fraîche | geriebene Muskatnuss | Salz | Pfeffer

1. Den Feta fein zerbröseln.
Den Spinat auftauen und sehr trocken ausdrücken.

2. Die Zwiebel und den Knoblauch schälen und fein würfeln.

3. In einer Pfanne die Butter schmelzen. Zunächst Zwiebel und Knoblauch 2–3 Min. darin anschwitzen. Dann den Feta, den Spinat und die Crème fraîche dazugeben und alles mit Muskatnuss, Salz und Pfeffer abschmecken.

Steffens
Lieblings-
rezept

# KARTOFFEL-RÖSTI

## mit selbst gemachtem Apfelmus

DAS BRAUCHT IHR: ca. 40 Min. Zeit für das Apfelmus | ca. 1 Std. 45 Min. Zeit für die Rösti | Arbeitsbrett | Messer | Sparschäler | Topf | Sieb | Schüsseln | Küchenreibe | große Pfanne

### ZUTATEN

**Apfelmus:**
1 kg säuerliche Äpfel
4 EL Zucker
Zitronensaft

**Rösti:**
1 kg mehligkochende Kartoffeln
Salz
1 große Zwiebel
Pfeffer
4 EL Pflanzenöl (z. B. Rapsöl)

1. Für das Apfelmus die Apfel vierteln, schälen, das Kerngehäuse entfernen und das Fruchtfleisch grob würfeln.

2. Die Apfelwürfel mit dem Zucker sowie 100 ml Wasser in einen Topf geben und bei kleiner Hitze ca. 25 Min. garen.

3. Wenn die Äpfel weich sind, die Masse durch ein feines Sieb in eine Schüssel streichen und mit Zitronensaft abschmecken.

4. Für die Rösti die Kartoffeln waschen, aber nicht schälen. Einen großen Topf mit Wasser füllen, kräftig salzen und die Kartoffeln darin 15–20 Min. knapp gar kochen (sie sollen noch nicht ganz weich sein).

5. Die Kartoffeln abgießen und etwas abkühlen lassen, dann pellen und grob in eine Schüssel reiben.

6. Die Zwiebel schälen und zu den Kartoffeln in die Schüssel reiben, dann beides mit den Händen gründlich vermengen und mit Salz und Pfeffer würzen.

7. In einer großen Pfanne das Öl erhitzen und bei mittlerer Hitze nacheinander acht Rösti darin ausbacken. Herausnehmen, kurz auf Küchenkrepp abtropfen lassen und mit Apfelmus servieren.

Steffens
Lieblings-
rezept

# KRÄUTERQUARK

## mit Kartoffeln

DAS BRAUCHT IHR: ca. 1 Std. 30 Min. Zeit | Backpapier | Arbeitsbrett | Messer | Schüssel | Schneebesen

### ZUTATEN

4 große Ofenkartoffeln
je 1 Bund Petersilie und Schnittlauch
je ½ Bund Kerbel und Basilikum
je 250 g Magerquark und Sahnequark
1 EL heller Essig (z. B. heller Balsamico oder Apfelessig)
1 TL mittelscharfer Senf
edelsüßes Paprikapulver
Salz | Pfeffer

1. Den Backofen auf 200° (185° Umluft) vorheizen.

2. Die Kartoffeln waschen.

3. Vier Bögen Backpapier leicht anfeuchten und die Kartoffeln einzeln darin einwickeln. Im Ofen in 80–90 Min. garen.

4. Währenddessen die Kräuter waschen, trocken schütteln, die Blätter von den Stielen zupfen und fein schneiden. Den Schnittlauch in Röllchen schneiden.

5. Alle Kräuter in einer Schüssel mit den beiden Quarksorten verrühren. Essig und Senf dazugeben und zum Schluss noch mit Paprikapulver, Salz und Pfeffer abschmecken.

6. Die gebackenen Kartoffeln aus dem Ofen nehmen, aus dem Backpapier wickeln und auf Teller geben. Jede Kartoffel längs einschneiden und leicht zusammendrücken, sodass sie sich zum Füllen »öffnet«. Den Kräuterquark dazu servieren.

# ROTE BETE

Tolle Farbe, super Geschmack

# Gongers Liebling

**Die Knollen waren lange fast vergessen, dabei schmecken sie unglaublich lecker – schön mild und fast ein bisschen süß.**

Rote Bete gibt es aber nicht nur in Rot, sondern auch in Gelb und sogar in geringelt. Diese »Ringelbete« sind besonders hübsch als Rohkost im Salat. Schneidet sie dazu einfach mit dem Gemüsehobel in hauchfeine Scheiben.

### Einkaufstipp

Dass die Roten Bete frisch sind, erkennt ihr daran, dass sie schön fest sind und eine glatte Schale haben. Wurden die Knollen ganz frisch geerntet, sind sogar manchmal noch die Blätter dran. Sucht euch besser kleinere Knollen aus. Die großen sind oft holzig.

Junge Blätter sind essbar.

### Küchenwissen

Damit die Knollen beim Kochen nicht »ausbluten«, wascht ihr sie erst vorsichtig, um die Schale nicht zu verletzen. Falls noch Blätter dran sind, schneidet ihr sie kurz über dem Ansatz ab. Danach wird die Rote Bete im Ganzen in einem Topf mit Wasser gekocht, das dauert je nach Größe zwischen 30 und 40 Min. Ihr könnt sie aber auch in einem ofenfesten Topf oder einer Auflaufform mit Deckel ohne Wasser bei 200° (Umluft) im Backofen backen. Das dauert dann je nach Größe der Knollen 1–1,5 Std. So oder so: geschält und zerkleinert werden sie erst nach dem Kochen oder Backen.

### Vorsicht, Farbe!

Auch wenn die Knollen von außen knackig und hart wirken, fließt beim Schälen und Schneiden Saft, der Spuren hinterlässt. Zieht beim Schnippeln also am besten Einweghandschuhe an und verwendet statt einem Holzbrett eines aus Kunststoff. Ansonsten werden rote Finger mit Zitronensaft wieder sauber. Achtung auch bei Flecken auf Kleidung, die gehen nämlich nur schwer wieder raus. Nicht erschrecken: Übrigens kann sogar euer Urin vorübergehend rot sein, wenn ihr eine große Portion Rote Bete esst. Nicht erschrecken!

# PINK-POWER-WAFFELN

## mit Pink-macht-stark-Quark und Hot-Pink-Gemüse

DAS BRAUCHT IHR: ca. 45 Min. Zeit | Arbeitsbrett | Messer | Mixer oder Stabmixer und hohes Gefäß | Schüsseln | Sieb | Schneebesen | Waffeleisen | Küchenpinsel

ZUTATEN

**Waffeln:**
je ½ Bund Schnittlauch und Petersilie
180 g gekochte Rote Bete, samt 4–5 EL Sud (vakuumiert, aus der Gemüseabteilung)
3 Eier (Größe L)
4 EL Rapsöl (plus Öl zum Backen der Waffeln)
200 ml Milch
½ TL Salz
300 g Dinkelmehl (Type 630)
1 TL Backpulver

**Quark:**
300 g Magerquark
Salz | Pfeffer

**Außerdem:**
2 Bund große Radieschen

1. Für die Waffeln die Kräuter abbrausen und trocken schütteln. Waschen. Den Schnittlauch in feine Röllchen schneiden. Von der Petersilie die Blätter abzupfen und fein hacken.

2. Die Roten Bete klein schneiden.

3. Die zerkleinerten Roten Bete zusammen mit den Eiern, dem Öl, der Milch und dem Salz im Mixer oder in einem hohen Gefäß mit dem Stabmixer fein pürieren. Den Teig anschließend in eine große Schüssel umfüllen.

4. In einer weiteren Schüssel das Mehl mit dem Backpulver vermischen und den Mix danach auf die Eimischung sieben. Jetzt noch die Kräuter dazugeben und dann alles gut verrühren.

5. Das Waffeleisen vorheizen, mit Öl einpinseln und aus dem Teig je nach Größe des Waffeleisens 10–12 pinkfarbene Waffeln backen.

6. Den Quark mit dem Rote-Bete-Sud verrühren und mit Salz und Pfeffer würzen.

7. Die Radieschen putzen, waschen und je nach Größe halbieren oder vierteln. Mit dem Quark zu den den Waffeln servieren.

# GEGRILLTE PUTENBRUST

## mit Rote Bete und Feldsalat

DAS BRAUCHT IHR: ca. 1 Std. 30 Min. Zeit | Arbeitsbrett | Messer | kleine Schüssel | Schneebesen | Küchenpapier | Küchenpinsel | Grill oder Grillpfanne | kleine Pfanne

### ZUTATEN

**Putenbrust:**
2 Knoblauchzehen
4 EL Olivenöl
2 EL Zitronensaft
je 1 EL Chilisauce, Ketchup, Honig, Sojasauce und heller Balsamico-Essig
½ TL gemahlener Ingwer
Salz
700 g Putenbrustfilet (ohne Knochen und Sehnen)

**Salat:**
100 g Feldsalat
150 g gekochte Rote Bete
1 Apfel
1 EL Sonnenblumenkerne

**Dressing:**
½ Bund Schnittlauch
4 EL Joghurt
2 EL Milch
3 EL heller Balsamico-Essig
Zucker
Pfeffer

1. Für die Marinade den Knoblauch schälen und fein hacken.

2. Die Knoblauchwürfelchen in einer kleinen Schüssel mit Olivenöl, Zitronensaft, Chilisauce, Ketchup, Honig, Sojasauce, Essig und Ingwer sowie ¼ TL Salz verrühren.

3. Die Putenbrust mit kaltem Wasser abbrausen, mit Küchenpapier trocken tupfen, rundum mit der Marinade bepinseln und mind. 30 Min. im Kühlschrank marinieren.

weiterlesen →

4. Den Grill anheizen (ersatzweise eine Grillpfanne auf dem Herd erhitzen) und die Putenbrust auf den heißen Grill bzw. in die heiße Pfanne legen. Bei mittlerer Hitze 25–30 Min. saftig grillen, dabei mehrfach wenden und immer wieder mit Marinade bestreichen.

5. Wenn das Fleisch gar ist, vom Grill bzw. aus der Pfanne nehmen, noch ca. 10 Min. ruhen lassen und dann in Scheiben schneiden.

6. Während das Fleisch grillt bzw. zieht, den Feldsalat gründlich waschen und trocken schleudern.

7. Die Roten Bete erst in Scheiben und diese dann in feine Streifen schneiden.

8. Den Apfel waschen, trocken reiben, vierteln und das Kerngehäuse entfernen. Die Viertel dann ebenfalls fein schneiden.

9. Die Sonnenblumenkerne in einer kleinen Pfanne ohne Fett goldbraun rösten.

10. Für das Dressing den Schnittlauch abbrausen, trocken schütteln und in feine Röllchen schneiden. Mit Joghurt, Milch, Essig und 1 Messerspitze Zucker verrühren, dann kräftig salzen und pfeffern.

11. Zum Servieren das Dressing auf Teller verteilen. Erst Feldsalat, Apfel und Rote Bete darauf verteilen, dann das aufgeschnittene Fleisch. Mit Sonnenblumenkernen garnieren. (Vorsicht, scharf!)

**Tipp:** Wie ihr Rote Bete kocht, lest ihr auf Seite 101. Wenn ihr euch die ganze Arbeit sparen wollt, könnt ihr aber auch vorgekochte Rote Bete aus dem Vakuumbeutel kaufen. Die findet ihr im Supermarkt beim Gemüse. Praktisch, aber nicht ganz so lecker.

Ohne Rote Bete wäre das Leben nur halb so bunt.

Steffens
Lieblings-
rezept

# KNUSPERSCHNITZEL

## »Wiener Art«

**Schnitzel passt immer – auch als Alternative zu den Putenstreifen auf dem Rote-Bete-Salat von Seite 105.**

DAS BRAUCHT IHR: ca. 25 Min. Zeit | Schüsseln | Schneebesen | Gefrierbeutel | Plattiereisen | große Pfanne | Küchenpapier | Arbeitsbrett | Messer

### ZUTATEN

2 Eier (Größe L)
2 EL Weizenmehl (Type 405 oder 550)
200 g Panko (japanisches Paniermehl; ersatzweise Semmelbrösel)
4 dünne Schnitzel (à 120 g; z. B. Kalbfleisch)
Salz | Pfeffer
200 ml Pflanzenöl (z. B. Raps- oder Erdnussöl)
4 EL Butter
2 Zitronen
4 EL Preiselbeeren

1. Zuerst die Eier in einer Schüssel verquirlen. Danach das Mehl auf einen Teller geben, das Panko auf einen anderen.

2. Die Schnitzel nacheinander in einen Gefrierbeutel legen und mithilfe eines Plattiereisens oder einer schweren Pfanne flach klopfen (ihr könnt sie aber auch vom Metzger vorbereiten lassen). Danach das Fleisch von beiden Seiten salzen und pfeffern.

3. Jedes Schnitzel zuerst in Mehl wenden und dieses sorgfältig wieder abklopfen. Anschließend das Fleisch erst in die Eimasse tauchen und dann locker in Panko wenden.

4. In einer großen Pfanne die Hälfte des Öls erhitzen und die ersten beiden panierten Schnitzel darin bei mittlerer bis großer Hitze 3–4 Min. goldbraun braten. Dabei einmal wenden. Zum Schluss die Hälfte der Butter mit in die Pfanne geben und leicht bräunen (das gibt noch mal ein besonders feines Aroma).

5. Die Schnitzel aus der Pfanne nehmen und sorgfältig auf Küchenpapier abtropfen lassen. Im Ofen (80° Umluft) warm stellen und die beiden anderen Schnitzel ebenso zubereiten.

6. Die Zitronen halbieren und je eine Hälfte zusammen mit den Preiselbeeren zu den Schnitzeln servieren.

# Behind the Scenes

Mal raus aus dem foodie Truck und frisches aus dem Garten ganz frisch im Garten genießen.

Cheese! Steffen in Kochpose fürs Fotoalbum.

Ständig reden macht durstig.

»Lalalala, Hahahaha, Adubadubadu …« In den Drehpausen singen Gonger und Krümel oft und gern – und laut.

# KÜRBIS

Grundlage für Monster, Suppen und mehr

# Geschmacksriesen

**Herbst ist Kürbiszeit und spätestens an Halloween, der Nacht vom 31. Oktober auf 1. November, sieht man das Gemüse überall.**

Kürbisse sind nicht nur toll zum Monster-Schnitzen, sie schmecken auch total lecker. Allerdings kann man nicht alle von ihnen essen: Zierkürbisse sehen zwar toll aus, schmecken aber sehr bitter und können Bauchweh und Übelkeit verursachen.

### Wann ist ein Kürbis reif?

Das könnt ihr ganz einfach testen, indem ihr an ihm klopft! Klingt er hohl, ist der Kürbis reif. (Der Trick hilft übrigens auch im Sommer bei Wassermelonen.)

### Und wie lang bleibt er frisch?

Am Stück und unbeschädigt bleibt ein Kürbis nach der Ernte, wenn er kühl und trocken gelagert wird, mehrere Monate lang frisch. Ist er erst einmal angeschnitten, muss er allerdings direkt in den Kühlschrank und hält auch dort nur noch einige Tage.

### Und wer hat den größten Kürbis?

Um das herauszufinden, gibt es jedes Jahr überall auf der Welt Wettbewerbe. Seit 2021 liegt der Rekord in Italien: Der Kürbis, den ein Mann dort herangezogen hat, wog stattliche 1226 Kilogramm, also ungefähr so viel wie zwei ausgewachsene Eisbärmännchen.

### Küchenwissen

Weil Schale und Fruchtfleisch sehr hart sind, braucht ihr zum Zerkleinern ein scharfes Messer, noch besser ein Brotmesser – und viel Kraft. Lasst euch evtl. helfen. Habt ihr den Kürbis halbiert, kratzt ihr die Kerne und das Faserige drum herum mit einem Esslöffel heraus. Dann legt ihr die Hälften mit der Schnittfläche nach unten auf die Arbeitsfläche und schneidet sie in Spalten. Jetzt könnt ihr die Schale wegschneiden – am besten Stück für Stück. Nur beim Hokkaido könnt ihr die Schale mitessen. Er wird daher vor dem Zerkleinern gewaschen.

Harte Schale, weicher Kern

# CREMIGE KÜRBISSUPPE

## mit Kürbiskernen

DAS BRAUCHT IHR: ca. 1 Std. Zeit | Arbeitsbrett | Messer | Topf | Küchenreibe | Mixer oder Stabmixer | kleine Pfanne

ZUTATEN

**Suppe:**
1 kg Kürbis
(z. B. Muskatkürbis)
1 große Zwiebel
2 Knoblauchzehen
2 EL Rapsöl
1 EL mildes Currypulver
250 ml Gemüsebrühe
10 g frischer Ingwer
150 g gekochte Kichererbsen
(aus dem Glas oder der Dose; abgetropft)
400 ml Kokosmilch
150 ml Orangensaft
gemahlener Kreuzkümmel
Salz | Pfeffer
Chilipulver (wenn ihr mögt)

**Einlage:**
2 EL Kürbiskerne

**»Wurstfinger« (wenn ihr mögt)**
4 Hotdog-Würstchen
1 Scheibe Käse (z. B. Gouda)
1 EL Ketchup

**Außerdem:**
4 kleine ausgehöhlte Kürbisse
(wenn ihr mögt)

1. Das Kürbisfleisch zunächst von den Kernen und dem faserigen Inneren befreien, dann schälen und klein schneiden.

2. Die Zwiebel und den Knoblauch schälen und in feine Würfelchen schneiden.

3. In einem Topf das Öl erhitzen. Zwiebel und Knoblauch darin 2–3 Min. anschwitzen. Kürbis und Curry dazugeben und ca. 3 Min. mit anschwitzen. Dann mit der Gemüsebrühe ablöschen und den Kürbis bei kleiner Hitze zugedeckt in ca. 30 Min. weich kochen.

4. Inzwischen den Ingwer schälen und fein reiben. Nach der ½ Std. mit den Kichererbsen, der Kokosmilch und dem Orangensaft zur Suppe geben und kurz mitkochen. Anschließend die Suppe im Mixer oder direkt im Topf mit dem Stabmixer pürieren. Mit Kreuzkümmel, Salz und Pfeffer sowie evtl. etwas Chilipulver würzen.

5. Die Kürbiskerne in einer kleinen Pfanne ohne Fett rösten.

6. Nach Wunsch die Würstchen ca. 10 Min. in heißem Wasser erwärmen, dann herausnehmen und abtropfen lassen. Den Käse zu »Fingernägeln« schneiden und diese jeweils auf ein Ende der Würstchen legen. Die andere Seite mit Ketchup (= Blut) bekleckern.

7. Die Suppe in ausgehöhlte Kürbisse oder Suppenschalen füllen und mit den gerösteten Kürbiskernen bestreuen. Wenn ihr sie gemacht habt, die »Wurstfinger« dazu servieren.

# KRÜMELMONSTERS

## Halloween-Muffins

DAS BRAUCHT IHR: ca. 45 Min. Zeit | 12er-Muffinblech | Papiermanschetten | große Schüsseln | Küchenmaschine, Handrührgerät oder Schneebesen | Küchenreibe

ZUTATEN (für 12 Stück)

250 g Kürbis (z. B. Moschuskürbis; ohne Schale und Kerne)
200 g saure Sahne
80 ml Gemüsebrühe
70 ml Olivenöl
2 Eier (Größe L)
120 g Gruyère
250 g Dinkelmehl (Type 630)
2 TL Backpulver
½ TL Currypulver
½ TL Salz
75 g Parmesan

1. Den Backofen auf 175° (160° Umluft) vorheizen. Ein Muffinblech mit Papiermanschetten auskleiden.

2. Den Kürbis in eine große Schüssel reiben. Die saure Sahne, die Gemüsebrühe, das Olivenöl und die Eier dazugeben und alles in der Küchenmaschine, mit dem Handrührgerät oder einem Schneebesen gründlich verrühren.

3. Den Gruyère in eine zweite Schüssel raspeln. Das Mehl, Backpulver, Currypulver und Salz dazugeben und alles miteinander vermengen. Anschließend die Mischung in die Schüssel mit dem Kürbis schütten und wieder alles zügig verrühren.

4. Den Teig in die Papiermanschetten im Muffinblech verteilen.

5. Den Parmesan fein reiben und auf den Teig streuen.

6. Das Blech auf der mittleren Schiene in den Ofen schieben und die Muffins ca. 25 Min. goldbraun backen. Danach herausnehmen und am besten noch warm servieren.

**Tipp:** Wenn ihr keine Papiermanschetten zu Hause habt, könnt ihr die Mulden des Muffinblechs auch einfach mit etwas Rapsöl auspinseln.

Steffens Lieblings-rezept
KETCHUP

# FRIKADELLEN

**Für alle Halloween-fans hier noch ein herzhafter Snack – mit unserem Ketchup von Seite 13 dazu wird's schön bluuutig …**

DAS BRAUCHT IHR: ca. 35 Min. Zeit | Schüsseln | Messer | Arbeitsbrett | Pfannen | Handrührgerät mit Knethaken

### ZUTATEN

1 helles Brötchen vom Vortag
1 mittelgroße Zwiebel
1 EL Butter
500 g Hackfleisch (Rind oder gemischt)
25 g Sahne
½ EL mittelscharfer Senf
1 Spritzer Worcestershiresauce
Salz | Pfeffer
4 EL Rapsöl

1. Das Brötchen in einer kleinen bis mittelgroßen Schüssel zur Hälfte mit lauwarmem Wasser übergießen und ca. 10 Min. darin einweichen.

2. Inzwischen die Zwiebel schälen und fein würfeln.

3. Die Butter in einer kleinen Pfanne erhitzen und die Zwiebelwürfelchen darin 3–5 Min. anschwitzen. Danach die Pfanne vom Herd nehmen und die Zwiebeln etwas abkühlen lassen.

4. Das eingeweichte Brötchen aus der Schüssel nehmen, sorgfältig ausdrücken und in eine große Schüssel geben. Die angeschwitzten Zwiebelwürfelchen, das Hackfleisch, die Sahne, den Senf sowie die Worcestershiresauce dazugeben und alles mit dem Handrührgerät mit Knethaken verkneten. Mit Salz und Pfeffer würzen.

5. Aus der Masse acht große oder 16 kleine Frikadellen formen.

6. Das Rapsöl in einer großen Pfanne erhitzen und die Frikadellen darin bei mittlerer Hitze braun braten, dabei einmal oder mehrfach wenden. Bei großen Frikadellen dauert das 7–8 Min., bei kleinen 5–6 Min.

**Tipp:** Schmeckt warm und kalt.

# KÄSE

Ideen für das Beste aus der Milch

# Wenn aus Gras ...

... erst Milch wird und dann Käse, freut sich jeder Feinschmecker. Und wer glaubt, er mag keinen Käse, sollte mal unsere Rezepte probieren.

Eine Milchkuh frisst im Durchschnitt 50 Kilo Frischfutter und trinkt etwa 80 Liter Wasser am Tag, um 20 bis 30 Liter Milch zu geben. Je nach Käsesorte braucht man zwischen 4 und 13 Litern davon für ein Kilo Käse. Wenn ein großer Laib Emmentaler 100 Kilo wiegt, stecken also 1300 Liter Milch darin – und damit jede Menge Gras, Heu und Wasser.

Eine Sorte von vielen

## Warum riecht Käse manchmal?

Damit aus Milch Käse wird, wird ihr erst ein Enzym namens Lab zugesetzt, damit sich die Molke vom festen Eiweiß trennt. Danach kommen viele Käse noch in die Reifekammer. Dort zersetzen Bakterien die verbliebenen Bestandteile der Milch, wobei der typische Geruch und Geschmack entsteht. Der stinkigste Käse der Welt soll übrigens der nordfranzösische »Vieux Boulogne« sein. Seine Rinde wird während des Reifens immer wieder mit Bier eingerieben, was eine »unwiderstehliche« Duftkombi ergibt.

## Wie kommen eigentlich die Löcher in den Käse?

Auch das ist keine Magie, sondern simple Chemie. Während der Käse reift, entsteht Kohlensäuregas. Das kann zwar nicht durch die Käsemasse und die Rinde entweichen, sich aber bis zu einem gewissen Grad ausweiten. Dadurch entstehen die Hohlräume.

## Käse richtig aufbewahren

Wie lang ein Käse haltbar ist, hängt vom Wassergehalt ab. Hartkäse lässt sich generell länger aufheben als Weich- und Frischkäse, er muss nicht einmal, wie andere Sorten, unbedingt in den Kühlschrank, sondern kann auch in einem kühlen Raum lagern. Generell hält sich Käse am Stück besser als in Scheiben. Und für Frischkäse ist das obere Fach im Kühlschrank ideal. Er mag es nicht zu kühl.

# PARTY-TIER-PARADE

## aus dem foodie Truck

**DAS BRAUCHT IHR:** ca. 30 Min. Zeit | Arbeitsbrett | Messer | Kugelausstecher | kleine Tier- oder Herz-Ausstecher (nach Wunsch) | Zahnstocher

**ZUTATEN**

1 Melone (Cantaloupe oder Charentais)
½ grüne Paprika
100 g Kirschtomaten
2 Cornichons
150 g rote und grüne Weintrauben (kernlos)
60 g Himbeeren
80 g große Blaubeeren
600 g Bergkäse

1. Von der Melone auf einer Seite ein Drittel abschneiden, damit sie auf dieser Schnittfläche gut steht. Anschließend aus dem abgeschnittenen Melonenstück mithilfe eines Ausstechers Kugeln ausstechen.

2. Die Paprikahälfte waschen, von Stiel, Kerngehäuse und den weißen Trennwänden im Inneren befreien und dann in ca. 2 x 2 cm große Stücke schneiden.

3. Die Kirschtomaten abbrausen und halbieren.

4. Die Cornichons abtropfen lassen und nach Bedarf kleiner schneiden.

5. Die Trauben waschen und von den Stielen zupfen.

6. Die Himbeeren und Blaubeeren vorsichtig abbrausen und genauso vorsichtig trocken tupfen.

7. Den Käse ebenfalls in ca. 2 x 2 cm große Würfel schneiden oder nach Belieben mit Plätzchenausstechern in Tier- oder Herzform Figuren ausstechen.

8. Je ein Stück Käse bzw. eine Käsefigur mit einem vorbereiteten Stück Gemüse oder Obst auf einen Zahnstocher aufspießen. Die Spieße dicht an dicht in die Melone stechen.

# HAUSGEMACHTE SPÄTZLE

## mit Fenchel und Käse

**DAS BRAUCHT IHR:** ca. 1 St. 30 Min. Zeit | Schüsseln | Sieb | Kochlöffel oder Küchenmaschine | großer Topf | Spätzlehobel oder -presse | Schaumkelle | Küchenreibe | Arbeitsbrett | Messer | evtl. Gemüsehobel | Pfanne | Auflaufform

### ZUTATEN

**Spätzle:**
5 Eier (Größe L)
Salz
geriebene Muskatnuss
270 g Dinkelmehl (Type 630)

**Käsemasse:**
50 g Bergkäse
1 Bund Schnittlauch (ersatzweise Petersilie)
50 g Semmelbrösel
4 EL Milch

**Außerdem:**
2 Fenchelknollen
20 g Butter

1. Für die Spätzle die Eier in einer großen Schüssel mit 1 TL Salz sowie etwas Muskatnuss verrühren, dann das Mehl dazusieben und alles ca. 10 Min. verschlagen, bis der Teig Blasen bildet. Das macht ihr entweder mit einem Holzlöffel mit der Hand oder in der Küchenmaschine mit einem stabilen Schneebesen. Danach den Teig ca. 20 Min. ruhen lassen.

2. Wenn der Teig ausreichend geruht hat, in einem großen Topf reichlich Salzwasser zum Kochen bringen.

weiterlesen →

3. Den Teig noch einmal kurz aufschlagen und dann mithilfe eines Spätzlehobels oder einer Spätzlepresse in das heiße Wasser reiben.

4. Die Spätzle 1–2 Min. im heißen Wasser gar ziehen lassen, dann mit einer Schaumkelle herausheben und in einem Sieb abtropfen lassen.

5. Den Backofen auf 240° (220° Umluft) vorheizen. Währenddessen den Käse für die Käsemasse reiben.

6. Den Schnittlauch waschen, trocken schütteln und fein schneiden.

7. Semmelbrösel, Milch, geriebenen Käse und Schnittlauch in einer Schüssel vermengen.

8. Den Fenchel waschen, den harten Strunk herausschneiden und die restliche Knolle in feine Streifen schneiden oder hobeln. Das Fenchelgrün fein schneiden.

9. In einer Pfanne 1 TL Butter schmelzen und den Fenchel darin bei kleiner Hitze ca. 10 Min. zugedeckt gar dünsten (bei Bedarf etwas Wasser hinzufügen, damit er nicht anbrennt). Zum Schluss vorsichtig salzen.

10. Den Fenchel mit den Spätzle in eine Auflaufform schichten. Dann die Käsemasse darübergeben und die restliche Butter in Flocken darauf verteilen.

11. Die Spätzle im Ofen auf der mittleren Schiene ca. 10 Min. goldbraun backen.

**Tipp:** Wenn es schnell gehen muss, könnt ihr auch fertige Spätzle aus dem Supermarkt-Kühlregal verwenden.

Es gibt Käse im Leben
und es gibt Käse
fürs Leben

Steffens
Lieblings-
rezept

# KÄSE-SCHINKEN-SANDWICH

## deluxe

DAS BRAUCHT IHR: ca. 30 Min. Zeit | Eierpikser | Topf | evtl. Schaumkelle | Arbeitsbrett | Messer | Schüsseln

**ZUTATEN**

4 Eier (Größe L)
½ Eisbergsalat
je 4 EL Frischkäse und Crème fraîche
Salz | Pfeffer
8 Scheiben Vollkorn-Sandwichbrot
½ Bio-Salatgurke
4 Scheiben Käse (z. B. Emmentaler oder Gouda)
4 Scheiben gekochter Schinken (ersatzweise geräucherte Putenbrust)

1. Die Eier vorsichtig anpiksen.

2. In einem Topf Wasser aufkochen, die Eier mithilfe eines Löffels vorsichtig hineingeben und ca. 9 Min. hart kochen. Anschließend abgießen oder die Eier mit einer Schaumkelle herausheben und mit kaltem Wasser abschrecken. Danach pellen und klein schneiden.

3. Die Blätter vom Eisbergsalat lösen, waschen, trocken schleudern und in dünne Streifen schneiden.

4. In einer kleinen Schüssel den Frischkäse mit der Crème fraîche verrühren und mit Salz und Pfeffer würzen.

5. Die Hälfte der Frischkäsecrème in einer anderen Schüssel mit den klein geschnittenen Eiern und den Salatstreifen vermengen. Die Mischung danach auf vier Brotscheiben verteilen.

6. Die Gurke waschen und in Scheiben schneiden. Mit dem Käse und dem Schinken auf die Brote mit dem Eiersalat legen.

7. Die vier anderen Brotscheiben mit der restlichen Frischkäsecrème bestreichen und mit der Cremeseite nach unten auf die belegten Brote setzen.

8. Die Sandwiches nach Wunsch diagonal halbieren und servieren.

# HONIG

Nicht nur für Frühstück und Nachtisch

# Natürlich süß

**Wer macht den Honig und ist außerdem unersetzlich bei der Bestäubung von Obst- und Gemüsepflanzen?**

Das wisst ihr bestimmt! Honig wird von Bienen produziert. Sie fliegen von Blüte zu Blüte, saugen mit ihrem Rüssel den Nektar auf und sammeln ihn in den sogenannten Honigblasen. Zu Hause im Bienenstock spucken sie den Nektar dann wieder aus und er wird noch einmal von anderen Bienen aufgesaugt und erneut ausgespuckt. Dadurch gelangen Enzyme in den Nektar, die den Zucker darin umwandeln. Gleichzeitig geht immer mehr Flüssigkeit verloren. Es entsteht der Honig, der nun in Waben eingelagert wird, die spezielle »Baubienen« aus Wachs bauen.

## Kann Honig schlecht werden?

Eigentlich nicht, weil er sehr viel Zucker enthält, und der konserviert. Wenn Feuchtigkeit in den Honig gelangt, kann er jedoch zu gären beginnen. Es bilden sich dann kleine Bläschen und der Honig riecht komisch. Deswegen solltet ihr das Glas immer gut verschließen und den Honig mit einem sauberen Löffel entnehmen. Wenn Honig hart wird, heißt das nicht, dass er schlecht ist. Mit der Zeit verbinden sich, gerade in kühlerer Umgebung, einfach die Zuckerkristalle miteinander. Wenn ihr das verschlossene Glas in einen Topf mit heißem Wasser stellt, wird der Honig wieder flüssig.

## Ist Honig gesünder als Zucker

Ja und nein. Auch Honig besteht nämlich aus Zucker und wegen seiner klebrigen Konsistenz bleibt er sogar länger an den Zähnen haften, wodurch er Karies verursachen kann. Immerhin ein paar Vitamine und Mineralstoffe stecken aber doch in ihm, außerdem kleine Mengen an entzündungshemmenden Enzymen. Sie sind allerdings sehr hitzeempfindlich und gehen ab 40° verloren. Achtet daher beim Kauf auf den Vermerk »kalt geschleudert«. Und statt heiße Milch mit Honig zu trinken, lutscht ihr bei Halsweh und Husten besser einen Teelöffel Honig.

Honig, noch in der Wabe

# ASIA-GEMÜSEPFANNE

## »Ruckizucki« mit Rosenkohl in Honig-Soja-Sauce

DAS BRAUCHT IHR: ca. 45 Min. Zeit | hitzebeständige Schüssel | Sieb | Arbeitsbrett | Messer | Topf | Sparschäler | große Pfanne

**ZUTATEN**

400 g Glasnudeln
500 g Rosenkohl
Salz
2 Möhren
1 gelbe Paprika
1 rote Zwiebel
1 Knoblauchzehe
40 g Sojasprossen
2 EL Rapsöl
2 EL Sesam
Sojasauce
1 TL Honig
Fischsauce (wenn ihr mögt)

1. Die Glasnudeln in einer hitzebeständigen Schüssel mit kochendem Wasser übergießen und ca. 10 Min. quellen lassen. Dann in ein Sieb schütten und abtropfen lassen.

2. Den Rosenkohl putzen und halbieren. Etwas Salzwasser in einem Topf zum Kochen bringen und die Hälften darin 8–10 Min. bissfest kochen. Ebenfalls in ein Sieb abgießen und abtropfen lassen.

3. Die Möhren schälen. Die Paprika waschen, halbieren und den Stiel, das Kerngehäuse und die weißen Trennwände im Inneren entfernen. Dann Möhren und Paprika in Streifen schneiden.

4. Die Zwiebel und den Knoblauch schälen und in feine Scheiben schneiden.

5. Die Sojasprossen in einem Sieb kalt abbrausen.

6. Das Rapsöl in einer großen Pfanne erhitzen. Zwiebeln und Knoblauch 2–3 Min. darin anschwitzen. Rosenkohl, Möhren und Paprika dazugeben und ca. 4 Min. mitschmoren. Dabei ab und zu umrühren.

7. Die Sprossen und den Sesam hinzufügen und alles mit Sojasauce und Honig, auf Wunsch auch mit Fischsauce abschmecken.

8. Das Gemüse mit den Glasnudeln anrichten. Gerne noch mit weiterem Sesam garnieren.

# GONGERS

## Krümelmonster-Cupcakes mit Apfel und Zimt

DAS BRAUCHT IHR: ca. 1 Std. Zeit | 6er-Muffinblech | Papiermanschetten | Arbeitsbrett | Messer | Sparschäler | Schüsseln | Küchenmaschine oder Handrührgerät | Küchenpinsel | Zahnstocher

ZUTATEN (für 6 Muffins)

**Teig:**
1 Apfel
140 g Weizenmehl (Type 405 oder 550; ersatzweise Dinkelmehl Type 630)
1 TL Backpulver
Zimtpulver
Salz
1 Ei (Größe L)
90 ml Milch
50 ml Pflanzenöl (z. B. Rapsöl)
25 g Honig

**Topping:**
125 g Puderzucker
blaue Lebensmittelfarbe
100 g Kokosraspel
6 kleine Schokoladenkekse
100 g Marzipan
12 Schokoladen-Drops

1. Den Backofen auf 180° (165° Umluft) vorheizen. Ein Muffinblech mit Papiermanschetten auskleiden.

2. Für den Teig den Apfel waschen, vierteln und schälen. Das Kerngehäuse herausschneiden und das Fruchtfleisch in feine Würfel schneiden.

3. Das Mehl in einer Schüssel mit dem Backpulver, 1 Messerspitze Zimtpulver sowie 1 Prise Salz mischen.

weiterlesen →

4. In einer weiteren Schüssel mit der Küchenmaschine oder dem Handrührgerät das Ei mit der Milch, dem Öl und dem Honig verrühren. Danach die Mehlmischung zügig darunterrühren. Zum Schluss noch die Apfelwürfelchen unterheben.

5. Die Masse in die das vorbereitete Muffinblech verteilen und die Muffins dann im Ofen auf der mittleren Schiene ca. 25 Min. backen. Herausholen und in der Form komplett abkühlen lassen.

6. Inzwischen den Puderzucker in einer kleinen Schüssel mit wenig kaltem Wasser sowie 2–3 Tropfen blauer Lebensmittelfarbe gründlich verrühren.

7. Die Kokosraspeln in einer weiteren Schüssel mit 4–5 Tropfen ebenfalls blau färben.

8. Die abgekühlten Muffins aus dem Blech lösen und erst mit der Zuckerglasur bestreichen, dann in den Kokosraspeln wälzen.

9. Wenn die Glasur nach kurzer Zeit fest geworden ist, mit einem Messer seitlich einen kleinen Schlitz in die Oberfläche der Muffins schneiden (= Mund) und mit je einem Schokoladenkeks bestücken.

10. Das Marzipan zu 12 Kugeln formen und mit der Hand flach drücken. Anschließend je ein Schokoladen-Drop daraufdrücken (= Augen).

11. Die »Augen« mit dem restlichen Zuckerguss auf die Muffins kleben (evtl. zum Antrocknen kurz mit Zahnstochern fixieren).

Zu Hause ist da, wo das Honigglas in der Küche steht.

# Behind the Scenes

Wenn Steffen kocht, schauen Krümel und Gonger immer ganz genau zu und haben viele Fragen.

In der Küche wünscht sich Steffen manchmal vier Hände. Gut, dass ihm Gonger und Krümel helfen.

Aber Achtung, nicht zu viel rumblödeln. Sonst brennt was an.

Selberkochen ist gar nicht so schwer, wie es aussieht. Das haben auch die beiden Sesamstraßen-Monster gelernt.

# Was bedeutet eigentlich ...?

**Die Küchensprache ist manchmal komisch. Deshalb erklärt euch Steffen noch schnell, was womit gemeint ist.**

Ablöschen: So wie die Feuerwehr einen Brand löscht, unterbrecht ihr den Bratvorgang durch die Zugabe von Flüssigkeit.

Abschrecken: Dazu haltet oder taucht ihr z. B. Gemüse in (eis)kaltes Wasser, um den Kochprozess sofort zu stoppen. Dadurch bleibt es → bissfest und behält seine schöne Farbe.

Anschwitzen: Ihr bratet etwas leicht an, ohne dass es dabei braun oder dunkel wird.

Ausdämpfen: Dafür gießt ihr z. B. bei Kartoffeln das Kochwasser ab und lasst sie danach noch kurz im heißen Topf liegen, damit die Restflüssigkeit verdampfen kann.

Bissfest: Das bedeutet, dass Nudeln oder Gemüse nicht mehr hart sind, aber auch nicht völlig weich gekocht wurden. In Italien sagt man dazu »al dente«.

Blanchieren: Dazu → gart ihr Gemüse nur ganz kurz in kochendem Wasser, ehe ihr es -> abschreckt.

Dünsten: → Garen von Lebensmitteln im eigenen Saft oder mit wenig Flüssigkeit.

Einkochen: Dazu erhitzt ihr die Flüssigkeit so lange, bis ein Großteil von ihr verdampft ist.

Garen: Meint die Veränderung der Konsistenz und des Geschmacks von Lebensmitteln durch Hitze. Meistens wird der Begriff aber einfach nur als ein anderes Wort für Kochen verwendet.

Glasig: Das heißt, dass ihr Zwiebeln, Knoblauch oder auch Reis bei eher kleiner Hitze so anbratet, dass sie dabei blass bleiben und fast ein bisschen durchsichtig werden.

Häuten: Na, das bedeutet die Haut abziehen, z. B. bei Tomaten, damit man später keine Hautstückchen zwischen den Zähnen hat. Gelingt besonders leicht, wenn ihr die Tomaten an der Unterseite kreuzweise einschneidet, kurz → blanchiert und dann → abschreckt.

Karamellisieren: Erhitzen von Zucker, wodurch er flüssig wird.

**Messerspitze:** Mengenangabe für pulverförmige Lebensmittel und Gewürze. Eine Messerspitze ist das, was auf der Spitze eines Messers liegen bleibt, wenn ihr es in die Zutat taucht (maximal ein halbes Gramm).

**Ober-/Unterhitze:** Ein Programm am Backofen, bei dem die Hitze durch jeweils eine Heizspirale Im Boden und in der Decke des Ofens erzeugt und gleichmäßig im Backraum verteilt wird. Das Symbol dafür: ein Balken oben, einer unten.

**Prise:** Mengenangabe für pulvrige und feinkörnige Zutaten, wie z. B. Salz. Eine Prise ist so viel, wie zwischen zwei bis drei Finger passt.

**Putzen:** Dabei entfernt ihr alle nicht essbaren Teile von einem Obst oder Gemüse, wie z. B. den Stiel, Blätter oder den Strunk.

**Schmoren:** Dazu werden Fleisch oder Gemüse erst kurz angebraten, danach → garen sie in leicht kochender Flüssigkeit fertig.

**Umluft:** Ein Programm am Backofen, bei dem die Hitze mit einem Ventilator gleichmäßig im ganzen Ofen verteilt wird. Das Symbol dafür: ein Ventilator.

**Unterheben:** Dabei arbeitet ihr Zutaten wie z. B. Eischnee, Schlagsahne, Mehl oder Früchte vorsichtig unter einen Teig oder eine Creme, ohne zu schnell oder zu stark zu rühren, damit die Masse möglichst luftig bleibt.

**Vorteig:** Damit ist eine kleine Menge mit Hefe angesetzter Teig gemeint, der später mit den anderen Backzutaten zum eigentlichen Teig vermischt wird. Dadurch geht Hefeteig noch besser auf und wird besonders elastisch.

## Abkürzungen in den Rezepten

**EL:** Esslöffel
**evtl.:** eventuell
**g:** Gramm
**Min.:** Minute
**mind.:** mindestens
**ml:** Milliliter
**Std.:** Stunde
**TK:** Tiefkühl
**TL:** Teelöffel

# Register



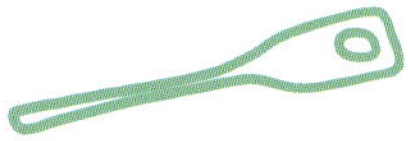



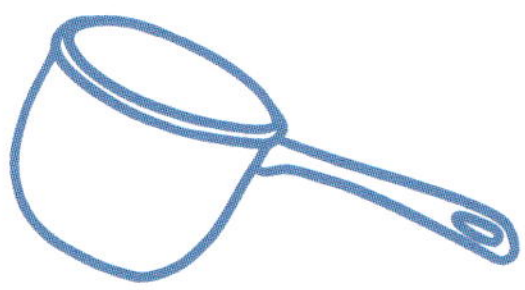

### LIEBE LESERINNEN UND LESER,

wir wollen Ihnen mit diesem Buch Informationen und Anregungen geben, um Ihnen das Leben zu erleichtern oder Sie zu inspirieren, Neues auszuprobieren. Wir achten bei der Erstellung unserer Bücher auf Aktualität und stellen höchste Ansprüche an Inhalt und Gestaltung. Alle Anleitungen und Rezepte werden von unseren Autoren, jeweils Experten auf ihren Gebieten, gewissenhaft erstellt und von unseren Redakteur*innen mit größter Sorgfalt ausgewählt und geprüft.

Haben wir Ihre Erwartungen erfüllt? Sind Sie mit diesem Buch und seinen Inhalten zufrieden? Wir freuen uns auf Ihre Rückmeldung. Und wir freuen uns, wenn Sie diesen Titel weiterempfehlen, in Ihrem Freundeskreis oder bei Ihrem Online-Kauf.

Sollten wir Ihre Erwartungen so gar nicht erfüllt haben, tauschen wir Ihnen Ihr Buch jederzeit gegen ein gleichwertiges zum gleichen oder ähnlichen Thema um.

### KONTAKT ZUM LESERSERVICE

GRÄFE UND UNZER VERLAG
Grillparzerstraße 12
81675 München
www.gu.de

## IMPRESSUM

2023 GRÄFE UND UNZER VERLAG GmbH, Postfach 860366, 81630 München

Gräfe und Unzer ist eine eingetragene Marke der GRÄFE UND UNZER VERLAG GmbH, www.gu.de
ISBN 978-3-8338-9045-1
2. Auflage 2023

Alle Rechte vorbehalten. Nachdruck, auch auszugsweise, sowie Verbreitung durch Bild, Funk, Fernsehen und Internet, durch fotomechanische Wiedergabe, Tonträger und Datenverarbeitungssysteme jeder Art nur mit schriftlicher Genehmigung des Verlages.

Projektleitung: Simone Kohl
Rezepte: Steffen Henssler
Weitere Rezepte: Sesame Workshop
Texte und Lektorat: Sylvie Hinderberger
Schlusskorrektur: Andrea Lazarovici
Bildredaktion: Ariane Heger
Umschlaggestaltung und Layout: Ki36 Editorial Design, München, Bettina Stickel
Styleguide: Dreispur GmbH, www.dreispur.de
Herstellung: Markus Plötz
Satz: Christopher Hammond
Repro: Ludwig Media, Zell am See
Druck und Bindung: Firmengruppe APPL, Wemding

Bildnachweis:
Peoplefotos: Hendrik Wardenga
Foodfotos: Christiane Bach
Foodstyling: Pio, www.piofood.de
Styling: Christiane Bach & Pio
Weitere Bilder: dreamtime: S. 58, 59, 110, 111, 138, 139; iStock: S. 3, 11, 15, 29, 33, 49, 52, 58, 59, 65, 69, 79, 85, 90, 91, 106, 107, 110, 111, 126, 127, 130, 136, 137, 138, 139, 141, 142; shutterstock: S. 2, 8, 10, 11, 16, 22, 30, 36, 40, 46, 48, 49, 54, 60, 62, 64, 65, 70, 78, 79, 82, 84, 85, 92, 94, 95, 98, 104, 106, 107, 114, 118, 120, 124, 126, 127, 132.

Sesame Workshop Germany
www.sesameworkshop.org

Krümelmonster Foodie Truck basiert auf der gleichnamigen TV Serie.
Leitung Produktion: Stefan Kastenmüller
Consumer Products: Christopher Becker

Umwelthinweis: Dieses Buch ist auf PEFC-zertifiziertem Papier gedruckt. PEFC garantiert, dass Holz- und Papierprodukte aus nachhaltig bewirtschafteten Wäldern stammen.

Die GU-Homepage finden Sie unter www.gu.de

GRÄFE UND UNZER
Ein Unternehmen der GANSKE VERLAGSGRUPPE